Mars et Vénus
sur les chemins de l'harmonie

John Gray

Mars et Vénus
sur les chemins de l'harmonie

Pour mieux comprendre, accepter
et apprécier l'autre sexe

traduit de l'américain
par Nathalie Serval

Flammarion ltée

Données de catalogage avant publication (Canada)

Gray, John, 1951-

Mars et Vénus sur les chemins de l'harmonie :
pour mieux comprendre, accepter et apprécier l'autre sexe

Traduction de : Men, women, and relationships
Publié en collaboration avec : J'ai lu

ISBN 2-89077-178-4

1. Différences entre sexes. 2. Femmes - Psychologie. 3. Hommes
- Psychologie. 4. Relations entre hommes et femmes. 5. Intimité.
6. Communication. - Aspect psychologie. I. Titre.

BF692.2.G7314 1998   155.3'3   C98-940822-1

Titre original : Men, Women and Relationships
Éditeur original : Beyond Words Publishing Inc., Hillsboro, OR.

Publié avec l'accord de Linda Michaels limited,
International Literary Agents

ISBN 2-89077-178-4

Dépôt légal : 2e trimestre 1998

Conception de la couverture : Création Melançon

Imprimé au Canada

Les études de cas présentées dans ce livre sont tirées de faits réels. Les noms
et les situations ont été modifiés afin de protéger l'anonymat des participants
et la confidentialité des dossiers.

SOMMAIRE

PRÉFACE

Dans mon esprit, rien n'illustre mieux l'objet de ce livre que la mort de mon père : ce modèle de générosité, toujours attentif aux autres, a été la victime d'un auto-stoppeur qui l'a laissé mourir d'asphyxie dans le coffre de sa voiture après l'avoir volé. Des heures durant, il a tenté de se libérer. À deux reprises, des riverains ont signalé à la police la présence de sa voiture, la croyant abandonnée. La police en a tenu compte mais elle n'a pu localiser le véhicule, faute d'indications suffisamment précises. Au troisième appel, elle a fini par le retrouver mais il était trop tard.

En un sens, la mort de mon père résume nombre d'existences : comme lui, quantité de gens doivent mourir le cœur brisé, seuls et abandonnés. Faute d'indications précises, personne ne peut les secourir ni leur venir en aide. Je souhaite que ce livre contribue à dissiper la confusion régnant dans les rapports humains pour y introduire espoir et clarté.

Mais mon histoire n'est pas finie : au retour du cimetière, j'ai voulu savoir comment mon père était mort. Je suis alors monté dans le coffre de sa voiture et m'y suis enfermé pour tenter de comprendre son calvaire. À force de la marteler, ses poings avaient déformé la carrosserie. C'est à ce détail que j'ai mesuré ce qu'avait dû être son sentiment d'abandon : de son vivant, j'avais rarement vu mon père demander de l'aide.

Puis j'ai remarqué qu'il avait brisé le feu arrière pour avoir plus d'air. D'instinct, j'ai introduit ma main dans le trou. Un de mes frères qui se trouvait à l'extérieur m'a dit : « Essaie d'atteindre le bouton d'ouverture du coffre. » En poussant ma main un peu plus loin, j'ai alors réussi à ouvrir le coffre.

Si mon père avait songé à ouvrir le coffre de cette manière, il ne serait pas mort. Moi-même, je n'en aurais jamais eu l'idée si mon frère ne me l'avait pas soufflée du dehors.

La mort de mon père a profondément influencé mon existence. Elle m'a exhorté à secourir les êtres prisonniers de leur propre cœur en leur signalant le « bouton » susceptible de leur rendre leur liberté.

Je dédie ce livre à tous ceux-ci, en espérant qu'il leur permette de découvrir certains de ces boutons impossibles à détecter de l'intérieur de leur prison. Je leur souhaite d'ouvrir leur cœur à l'amour et à la compassion, et que leur exemple en incite de nombreux autres à sortir de leur coffre afin de partager leur amour.

Je dédie également ces pages aux porteurs de lumière qui œuvrent déjà pour la libération de leurs semblables. Puissent-elles encourager leurs efforts et accroître leur efficacité.

J'ai vécu l'écriture de cet ouvrage et l'expérimentation des théories qu'il contient comme un fabuleux voyage, riche en péripéties de toutes sortes. De vallées en sommets, il m'a conduit à ces contrées ensoleillées où règnent la beauté, l'amour et la confiance partagée.

Je remercie Bonnie, mon épouse, pour l'amour et le concours qu'elle m'a témoignés tout au long de cette aventure. Ce livre lui doit beaucoup. La plupart des idées que j'y développe proviennent d'elle. Sa vulnérabilité, sa sincérité m'ont aidé à respecter la nature féminine et à m'améliorer. À son contact, j'ai appris à accepter et apprécier l'homme en moi. Surtout, elle m'a enseigné que l'amour avait le pouvoir de transformer.

Je tiens aussi à exprimer ma gratitude à ma fille Lauren pour m'avoir révélé une forme de l'amour que je n'imaginais pas. Je remercie également mes belles-filles, Shannon et Julie, de m'avoir adopté et accordé leur amour.

Merci à mon plus jeune frère, Jimmy. Son amour sans faille m'a grandement encouragé dans mes voyages ; son suicide tragique m'a enseigné le prix de la vie. Si ses souffrances m'ont appris la compassion, son amour emplit mon cœur et m'exhorte à soulager moins heureux que moi.

Merci du fond du cœur à ma mère, Virginia Gray, de m'avoir aidé à devenir l'homme que je suis et donné l'exemple d'une générosité sans limites. Je ne pouvais rêver meilleure maman. Merci aussi à Lucille d'avoir toujours cru en moi et en mon succès.

Je remercie également mes clients et les milliers de participants à mes séminaires d'avoir cru à mes idées et contribué à démontrer leur efficacité. Je tiens à leur exprimer toute ma gratitude pour m'avoir fait partager leur histoire et leur expérience. Je leur dois la plupart des exemples et des anecdotes rapportés ici. Cet ouvrage et les suivants doivent beaucoup à leur concours.

Merci à Ann Weyman, Sara Steinberg et Julie Livingstone pour l'aide qu'elles m'ont apportée dans la conception de ce livre, ainsi qu'à Richard Cohn, Cindy Black et toute l'équipe de Beyond Words Publishing sans qui il n'aurait pu voir le jour.

Enfin, merci à vous qui avez accepté que j'intervienne dans vos vies. Merci d'avoir eu le courage de nourrir en vous la flamme de l'amour afin qu'elle rayonne et dissipe les ténèbres de notre monde. Que votre tendresse contribue à cicatriser notre plaie commune, que votre joie guérisse notre douleur. L'amour a le pouvoir de tout changer. Cela, vous ne devez jamais l'oublier.

INTRODUCTION

La réussite d'une relation repose sur le travail, mais aussi sur la détente. Les deux sont d'une égale importance. Les femmes savent d'instinct qu'une relation réussie demande du travail. Les hommes, pour leur part, ont la certitude innée que « le travail, ça se passe au dehors ». Sitôt à la maison, place à la détente. Et s'il est un domaine où l'homme excelle, c'est bien celui-ci : durant des milliers d'années, le chasseur qu'il fut a patiemment guetté sa proie avant de rassembler ses énergies pour se lancer à sa poursuite. De nos jours, les qualités qui faisaient un bon chasseur – la patience, le sens de l'observation et la bonne gestion de son énergie – passent pour de la nonchalance, voire de la paresse. La femme ne comprend pas la façon qu'il a de se détendre après une journée de labeur. Quand elle le voit devant la télé, la télécommande à la main, elle se sent insultée et s'imagine – à tort – qu'il se contrefiche d'elle.

Historiquement, l'homme subvenait aux besoins de sa famille et prouvait son amour à la femme de sa vie en allant chercher du gibier. De nos jours, dans la plupart des cas, la femme chasse elle-même et de retour au foyer, il faut encore travailler à fonder et entretenir une relation. Elle est révolue, l'époque où il suffisait à l'homme de pourvoir aux besoins matériels de sa compagne. Désormais, les femmes se savent capables d'y pourvoir elles-mêmes. Ce qu'elles attendent de leur homme, c'est un soutien affectif. Les hommes ne demandent pas mieux que de répondre à leur demande mais pour cela, il leur faut s'adapter et apprendre à exprimer leurs sentiments. Généralement, quand la femme dit : « J'ai à te parler », l'homme pense : « Oh ! non, pas ça ». Sans doute notre ancêtre ressentait-il la même chose lors de sa première chasse : « Il faut que je tue cet animal ? Sérieusement ? Oh non ! Et si c'est lui qui me tue ? » En lui, l'appréhension le disputait à l'indécision. Mais il finissait par apprendre. Aujourd'hui encore, son lointain descendant est tout à fait à même d'acquérir les rudiments nécessaires à l'équilibre d'une relation.

Contrairement aux idées reçues, le couple moderne souffre moins d'un problème financier que d'un problème de communication. De nos jours, une relation harmonieuse consiste à combler les besoins affectifs de l'autre. Dans ce domaine, les attentes des deux sexes ont évolué depuis cinquante ans, sans compter les bouleversements qu'a subis le monde dans le même temps. Notre génération est totalement différente de celle de nos parents.

Pour l'homme, l'amour consiste à ne rien vouloir changer chez l'autre. Quand il a le sentiment d'avoir tiré le « bon numéro », il laisse parler son cœur et aime sa compagne pour ce qu'elle est. Ce qu'ignore généralement celle-ci, c'est qu'il en espère autant de sa part.

Quand une femme croit avoir trouvé le compagnon idéal, elle entend d'abord l'aimer et le choyer. Mais au fond d'elle-même, elle ne peut s'empêcher de penser : « Il est plein d'avenir, je le sens… Qu'est-ce que je ne vais pas faire avec lui ! Mon amour va le métamorphoser. »

Malheureusement, messieurs, il n'y a pas moyen de changer ces dames. Si elles sont faites ainsi, elles sont aussi capables de travailler sur elles-mêmes que nous de les accepter telles qu'elles sont. Le présent ouvrage, comme *Les Hommes viennent de Mars, les Femmes viennent de Vénus,* traite de cette question avec humour et qui plus est, de manière positive. Aucun problème ne résiste à une approche positive, ni à la volonté de comprendre l'autre. Pour ma part, je n'ai d'autre objectif que d'aider les couples à respecter leurs différences afin de mieux se rapprocher.

Car on peut toujours réagir avec humour, même aux pires problèmes relationnels. Si vous vous arrachez les cheveux, si vous pensez que décidément, vous n'êtes pas faits l'un pour l'autre, rappelez-vous ceci : les hommes viennent de Mars, les femmes de Vénus et ces planètes ont des mœurs très différentes. Apprenez à connaître et respecter leurs us et coutumes et tout ira le mieux du monde. Sinon, vous risquez de vous faire taper sur les doigts.

L'expérience m'a enseigné que lorsqu'on veut changer quelque chose dans un couple, mieux vaut aller au plus simple. Un jour, un couple m'exposait ses difficultés. En bonne Vénusienne, la femme m'avait dressé leur liste dans les moindre détails – les Vénusiennes ont une mémoire d'éléphant. L'homme, pour sa part, se ratatinait sur son siège : les Martiens sont réputés pour leur faculté à résoudre les problèmes. Les hommes ont pour règle de ne jamais s'arrêter pour demander leur chemin : « Ne crains rien, je sais où je vais. » S'il est une chose dont le Martien a horreur, c'est de s'entendre dire qu'il est perdu. Durant des milliers d'années, l'homme a guidé sa tribu dans ses déplacements. N'ayant pas droit à l'erreur, il a développé au maximum son sens de l'orientation. Madame, si vous le sentez prêt à flancher, évitez de lui rappeler que le réservoir d'essence est presque vide ou que cela fait un quart d'heure qu'il tourne en rond : croyez-moi, il le sait.

Si un Martien a la faculté de s'adapter, il est pourtant un point sur lequel il ne transigera jamais. Quand il a passé sa journée à résoudre des problèmes dans une atmosphère de stress, sa seule envie, une fois rentré, est de filer dans sa grotte. Tous les Martiens en ont une avec un panneau rédigé dans leur langue à l'entrée : « Attention ! Dragon méchant. Défense de pénétrer. » Si n'importe quel homme reconnaît ce panneau au premier coup d'œil, il a le plus grand mal à en expliquer le sens à sa femme. Sous ce panneau, il y en a un second qui dit : « Je ne serai pas long. » En effet, il est important que les Vénusiennes sachent que leur Martien ne tardera pas à émerger de sa grotte. Et surtout, qu'elles n'imaginent pas qu'il est en train de gaspiller son temps quand elles ont tant de choses à lui dire !

Car l'échange verbal est pour les Vénusiennes le remède à tous leurs maux. De nos jours, beaucoup de femmes travaillent à l'extérieur et refrènent tout le jour leurs besoins affectifs. Jamais les femmes n'ont autant éprouvé le besoin de parler qu'à notre époque.

Mais dès qu'elle aborde ses problèmes avec son partenaire, celui-ci est enclin à lui proposer des solutions. Or, à cet instant, elle a moins besoin de solutions que d'une oreille amie.

Quand le Martien finit par sortir de sa grotte, la Vénusienne est parfois furieuse d'avoir si longtemps attendu. Pour le punir, elle peut être tentée de s'aménager sa propre grotte, comme j'en ai moi-même fait l'expérience il y a huit ans.

Un jour, en quittant ma grotte, j'ai constaté que ma femme était sortie. « Chouette, me suis-je dit. Je vais pouvoir regarder la télé tranquille. » J'étais loin de me douter que j'étais l'objet d'une vengeance. Les jours suivants, c'est à peine si nous nous sommes dit trois mots. « Quelle paix ! » ai-je pensé. Quelques jours plus tard, quand j'ai voulu faire l'amour avec elle, j'ai eu la surprise de découvrir que son silence traduisait en fait son exaspération à mon endroit.

Ayons garde de ne jamais oublier qu'au-delà de nos différences sexuelles, nous sommes d'abord des êtres humains. Gardons également à l'esprit qu'on ne change pas du jour au lendemain. Quand notre partenaire commet une erreur, laissons-lui toujours une chance de se racheter et surtout, cessons de nous formaliser de ses moindres remarques. Sachant que je suis un Martien, ma femme me dira : « Tu n'es pas responsable de mes problèmes, aussi je ne te demande pas de les résoudre à ma place. Mais rien que d'en avoir parlé avec toi, je me sens déjà mieux. » Moi : « Vraiment ? » Elle : « Vraiment. » Et moi de songer : « Comme c'est bien ! »

J'espère que cet ouvrage, en alimentant votre réflexion, vous fournira des outils pour améliorer vos relations avec l'autre sexe et vous permettra de mieux apprécier les qualités qui font de chacun de nous un être unique.

Dr. John GRAY
30 septembre 1993
Mill Valley (Californie).

CHAPITRE 1

L'ART D'AIMER
UN EXTRATERRESTRE

TOUS DIFFÉRENTS

Pour fonder une relation tendre et équilibrée, il est essentiel de reconnaître cette vérité fondamentale.

Mais en pratique, nous avons du mal à admettre les différences de nos proches. Nous attendons d'eux qu'ils pensent et se comportent comme nous. S'ils réagissent autrement, nous les condamnons. Nous espérons les changer quand ils comptent sur notre compréhension ; nous croyons les améliorer quand ils recherchent notre confiance.

Comme il serait simple de les aimer s'ils voulaient faire tout ce que nous leur demandons !

Mais est-ce que l'amour consiste à n'aimer que lorsqu'on répond à notre attente ? Est-ce qu'il consiste à nier les désirs de l'autre au profit des seuls nôtres ?

Sûrement pas ! L'amour véritable ne pose pas de conditions. Il exige moins qu'il n'affirme. Notre acharnement à considérer que les autres seraient meilleurs s'ils pensaient et agissaient comme nous lui fait obstacle. Si on admet que nous sommes différents et que c'est bien ainsi, alors l'obstacle tombe de lui-même.

QU'EN EST-IL DE NOS DIFFÉRENCES ?

Une fois admises les différences des autres, nous pouvons songer à nous connaître nous-mêmes. Les êtres humains sont tous uniques, aussi est-il impossible de les classer. Toutefois, des catégories peuvent nous aider à prendre conscience de nos propres caractéristiques.

L'étude de la morphologie divise les gens en trois types distincts : actifs, sensitifs et cérébraux.

Hippocrate, Adickes, Kretschmer, Spranger, Adler et Jung distinguaient pour leur part quatre tempéraments : « physique », « sensible », « réflectif » et « intuitif ». L'indicateur de Myers-Briggs reprend ces quatre types à l'intérieur d'un ensemble de seize.

L'astrologie traditionnelle pose douze profils psychologiques. Le soufisme en distingue neuf constituant l'ennéagramme. De nos jours, la plupart des techniques de développement cognitif décrivent quatre types : supporter, promoteur, contrôleur et analyseur. En prenant conscience de son potentiel, l'individu parvient à développer et intégrer chacune de ces qualités.

Toutefois, certains auteurs s'opposent à des classifications par trop réductrices, susceptibles de donner lieu à des jugements de valeur. Dans bien des cas, cette réserve trouve sa justification dans notre expérience commune : être jugé « différent » équivaut trop souvent à un constat d'infériorité... D'où notre crainte de paraître tel.

Pourtant, la reconnaissance mutuelle de nos différences ne constitue pas forcément une menace. Le fait d'accepter les autres tels qu'ils sont, en nous ôtant l'envie de les changer, nous permet d'apprécier leur caractère unique et nous dispense de les juger.

L'UNITÉ DANS LA DIVERSITÉ

L'acceptation de nos différences nous révèle l'unité sous-jacente à l'espèce humaine. Dans l'abstrait, nous sommes tous semblables. Toutes les spiritualités insistent sur cette vérité intuitive : quand nous lisons un article sur la famine dans le monde, notre cœur se serre comme si nos propres enfants en étaient victimes.

Fondamentalement, chacun aspire à briser les chaînes qui le séparent de ses frères humains afin de réaliser son unité. Cette aspiration revêt des formes diverses : la voie de l'illumination, la quête de Dieu ou celle de l'âme sœur, le rêve de fonder une famille unie… Dans tous les cas, l'être est inexplicablement attiré vers quelque chose ou quelqu'un.

Celui qui cherche l'illumination est attiré par un maître personnifiant l'achèvement de sa quête. En suivant son enseignement, le disciple apprend à s'aimer et découvre peu à peu en lui-même ce qu'il cherchait au dehors.

L'homme qui refoule sa part féminine cherche l'apaisement dans la chaleur et la douceur d'une amante. Leurs différences suscitent cette alchimie : en mêlant ses énergies mâles à celles de la femme, l'homme éprouve le sentiment fugitif de sa propre complétude. En s'imprégnant de douceur féminine, il devient doux sans toutefois renoncer à sa virilité.

Certains aspirent à une union encore plus parfaite avec l'âme sœur, la personne dont ils pensent qu'elle leur est destinée. Celle-ci les attire non en ce qu'elle leur ressemble, mais en ce qu'elle a de différent. Elle incarne les qualités que chacun recherche inconsciemment en soi et que l'amour contribue à faire émerger.

Si l'amour permet d'intégrer les qualités propres à l'être aimé, encore faut-il savoir les reconnaître. Ça n'est pas toujours aisé : une attirance violente traduit quantité de différences à harmoniser, quantité de conflits à résoudre. L'attirance est un phénomène incontrôlable, générateur de découvertes. Sachant que nous sommes attirés par qui nous ressemble le moins, la règle de base des relations humaines paraît être la prise de conscience de nos différences.

Cet ouvrage se propose de dresser la carte des différences les plus criantes entre les sexes. Il va de soi que toutes les femmes ne sont pas identiques, pas plus que les hommes. Mais d'une manière générale, il existe des différences. Sachons les reconnaître chez nos proches et un grand nombre de questions trouveront leur réponse sans qu'éclate un conflit.

SACHONS COMPRENDRE NOS DIFFÉRENCES

Kathy (32 ans) est une musicienne et compositrice à succès. Comme beaucoup de femmes qui ont réussi, elle n'est pas mariée et le regrette parfois. « C'est à croire que les hommes me fuient, dit-elle. C'est peut-être que j'exige trop d'eux, mais ils sont tellement déroutants… Je ne sais même pas ce qu'on entend par une relation de couple réussie. »

Alise (36 ans) est expert-conseil en entreprise et Henry (40 ans), promoteur immobilier. Cela fait six ans qu'ils sont mariés. « Quand nous nous sommes connus, explique Alise, Henry était plein d'attentions et tellement romantique ! À présent, la routine a gagné notre ménage. Certains soirs, quand Henry s'écroule de sommeil sur le canapé, je pleure toute seule dans mon coin en songeant au passé. Pourquoi tout est-il si difficile ? Nous n'arrivons même plus à nous parler. De temps en temps, il paraît faire des efforts puis d'un seul coup, il se renferme dans sa coquille. J'aimerais comprendre pourquoi. »

Patrick (42 ans, décorateur) éprouve une frustration croissante dans sa relation avec Jennifer (36 ans, artiste peintre). Il envisage de l'épouser mais leurs disputes continuelles le font hésiter : « À chaque fois que j'essaie de l'aider, on dirait que je l'agresse. Plus je tente de me justifier, plus elle s'emporte contre moi. Je ne sais vraiment plus quoi faire. Je l'aime mais quand je la vois ainsi, ça me rend méchant. Combien de temps vais-je tenir ? »

Ces trois cas trahissent la même absence de compréhension des différences entre les sexes. Mais voyons-les plus en détail…

KATHY PARLE PARTAGE, TOM « ESPACE VITAL »

La frustration de Kathy vient de ce que les hommes semblent prendre ombrage de son besoin d'échanges. Par exemple, quand elle retrouve son ami Tom après le travail, elle aimerait parler de leurs journées respectives quand il ne rêve que de s'abîmer dans un magazine ou devant la télé. Plus il résiste à ses efforts pour lier conversation, plus la tension grandit.

Elle : Tu as passé une bonne journée ?

Lui : Ouais (Ah ! Je vais enfin pouvoir m'asseoir, regarder les actualités et faire un peu le vide).

Elle : Et ton rendez-vous, ça a été ?

Lui : Ouais (Oh non ! Voilà que ça lui reprend. Si j'avais envie de lui raconter ma journée, je le ferais. Mais là, tout ce que je veux, c'est regarder la télé tranquille).

Elle : Tu as pensé à faire renouveler ta carte grise ?

Lui : Ouais (J'y ai pensé, mais je ne l'ai pas encore fait. C'est incroyable, on dirait qu'elle s'adresse à un gosse. Mince, je suis assez grand pour me prendre en main).

Elle : Et ce matin, ça roulait comment, en ville ?

Lui : Comme d'habitude (Mais qu'est-ce que ça peut lui faire ? Elle dit ça pour m'inciter à me lever plus tôt, ou quoi ? Enfin, fiche-moi la paix… Tu vois bien que je regarde la télé).

Elle : Tu étais à l'heure à ton rendez-vous ?

Lui : Ouais (Lâche-moi un peu, tu veux ? C'est vrai, j'étais en retard… Mais surtout, qu'elle ne vienne pas me faire la morale ! Je crois déjà l'entendre : « Je t'avais bien dit de te lever plus tôt. »).

Kathy perçoit l'énervement de Tom sans en comprendre la cause. De dépit, elle lui demande :

— Mais enfin, qu'est-ce que je t'ai fait ?

Il se récrie :

— Mais rien !

Alors qu'il pense :

— Là voilà qui monte sur ses grands chevaux ! Maintenant qu'elle est en colère, c'est fichu pour les actualités. Pourtant, tout allait bien jusque-là. Pourquoi faut-il qu'elle m'asticote ainsi ? Ça ne se voit pas, que j'ai eu une journée de chien ? Est-ce que je l'embête avec mes questions, moi ?

Tom n'a pas compris qu'en fait, Kathy se comporte avec lui comme elle aimerait qu'il la traite. Dans son esprit, il n'est pas question de lui « faire la morale » mais de converser. Elle ne demanderait pas mieux que d'être pressée de questions mais par malheur, Tom croit lui faire plaisir en respectant son « espace vital »… Moyennant qu'elle respecte le sien.

Pour sa part, Kathy se sent négligée : « Il ne m'aime plus comme avant, songe-t-elle. Autrefois, il me parlait. À présent, on dirait que je l'ennuie. Ça me met dans une de ces rages ! Il ne voit donc pas que j'ai eu une journée de chien et que j'ai besoin d'en parler ? Moi, je m'intéresse à ce qu'il fait… C'est trop injuste. »

Kathy impose à son compagnon le type de relations qu'elle souhaite et ne comprend pas qu'il n'entre pas dans son jeu.

ALISE AIME FAIRE PLAISIR,
HENRY VEUT QU'ON L'ADMIRE

Alise a l'impression qu'Henry n'éprouve aucune reconnaissance pour tout ce qu'elle fait pour lui. En réalité, il apprécie ses efforts mais parfois, il aimerait qu'elle en fasse un peu moins.

Chaque soir, en attendant Henry, Alise se met en quatre pour lui faire plaisir. Elle sort la poubelle, range son bureau, fait le ménage à fond, lave et repasse ses tee-shirts et sous-vêtements, lui prépare de bons petits plats, relève les messages enregistrés sur le répondeur… En bref, elle anticipe le moindre de ses désirs. Son dépit est d'autant plus grand que la réciproque n'est pas vraie.

Henry rentre déjà fatigué du travail ; l'animosité de sa femme ne fait qu'augmenter sa lassitude. Il préférerait qu'elle en fasse moins et qu'elle apprécie mieux ses propres efforts pour lui rendre la vie plus agréable. Son seul désir est qu'elle soit heureuse et bien disposée à son égard. Ses airs de martyre ont le don de le rebuter.

Pourtant, Alise ne fait pour lui que ce qu'elle voudrait qu'il fasse pour elle. Malheureusement, elle ne prend pas la peine de s'ouvrir à Henry de ses désirs : s'il m'aime, pense-t-elle, il doit les deviner. Elle ne comprend pas que son attitude incite Henry à en faire le moins possible. Et quand elle lui demande de l'aide (d'un ton souvent péremptoire), Henry prend la mouche.

Leurs échanges verbaux se limitent aux questions pratiques. Dès qu'Henry se hasarde à lui parler de son travail, Alise – croyant toujours lui faire plaisir – se met en devoir de le conseiller.

Henry : Avec ce contrat qui nous a filé sous le nez, je vais devoir me séparer de la moitié de mon équipe. Quel dilemme !

Alise, enjouée : Eh bien, tu n'as qu'à garder les meilleurs !

Henry garde le silence, mais il n'en pense pas moins :

— Je ne lui ai pas demandé son avis. Évidemment, que je vais garder les meilleurs. Je suis de taille à régler mes problèmes moi-même. Pourquoi ne peut-elle se contenter d'écouter ? Et pourquoi est-elle si excitée ?

Alise est perplexe. Elle ne comprend pas en quoi elle a pu le froisser. Son enthousiasme s'explique par son désir de l'aider. En fait, elle n'a aucune idée de ce qu'il attend d'elle : tout ce qu'il souhaite, c'est qu'elle l'écoute et apprécie ses qualités de chef. De même qu'elle aspire à sa reconnaissance, lui aspire à être un héros à ses yeux.

PATRICK DÉPRÉCIE JENNIFER

Patrick ne comprend pas que Jennifer soit agressive à son égard quand il croit faire preuve de bonne volonté.

Sitôt rentré, il commence par lire son courrier, puis il écoute les messages du répondeur et joue un moment avec le chien. Après avoir feuilleté le journal, il se rend à la cuisine où Jennifer prépare le dîner. Les premières paroles qu'il lui adresse sont :

— Tiens ! Pourquoi mélanges-tu ces deux épices ?

Piquée au vif, Jennifer lui rétorque :

— Parce que j'en ai envie, là !

En son for intérieur, elle grommelle :

— Il ne m'a même pas dit bonjour qu'il est déjà en train de faire des remarques. On dirait que ça ne lui fait ni chaud ni froid de me voir. Moi, j'ai pensé à lui toute la journée. Le sagouin, il ne m'a même pas embrassée… Il aime mieux caresser son chien. Et après ça, il a le culot de venir me critiquer dans MA cuisine !

Patrick tente de calmer le jeu :

— Si j'ai dit ça, c'est que je trouve qu'elles ne se marient pas bien.

Dans le même temps, il pense :

— Pourquoi faut-il qu'elle prenne toujours la mouche ? Quel fichu caractère elle a !

Jennifer : Quel plaisir trouves-tu à toujours critiquer ? Qu'est-ce que tu peux être pénible ! Égoïste, va… C'est à croire que tu ne m'aimes plus.

Patrick : Ne sois pas ridicule ! Je ne critiquais pas. Il n'y a pas de quoi en faire un plat. Bien sûr que si, je t'aime ! (Qu'est-ce que je peux en avoir marre de tes sautes d'humeur ! Il serait temps que tu mûrisses).

Patrick ne comprend pas que des formules du type : « Ne sois pas ridicule » ou : « Il n'y a pas de quoi en faire un plat » ne peuvent qu'augmenter le malaise de Jennifer. Même la phrase : « Bien sûr que si, je t'aime ! » insinue que les craintes de Jennifer sont dénuées de fondement.

Si Jennifer réagit mal à la moindre de ses remarques, c'est qu'elle se sent délaissée. Patrick ne se comporte plus avec elle comme au début de leur relation. Il se montre désinvolte puis lui fait honte quand elle s'en formalise. Il ne comprend pas que l'agressivité de Jennifer vient de ce qu'il ne respecte pas ses sentiments.

Pourtant, Patrick aime Jennifer et ne demande qu'à la rendre heureuse. Le problème est qu'il ignore quels sont ses besoins parce que ceux-ci sont différents des siens. Par conséquent, ses réactions le déconcertent. Placé dans la même situation, lui resterait calme. Alors, pourquoi s'énerve-t-elle? Son ton condescendant augmente la frustration de Jennifer et la dispute éclate.

Patrick croit à tort que Jennifer serait plus heureuse si elle lui ressemblait, aussi s'efforce-t-il de la changer plutôt que de considérer ses vrais besoins. Comme beaucoup d'hommes, Patrick n'a pas compris que les femmes sont des êtres différents et que cela est bien.

UNE NÉCESSAIRE REMISE EN QUESTION

Si les réactions de notre partenaire nous déconcertent, c'est que nous imaginons à tort qu'il nous ressemble. C'est vrai jusqu'à un certain point mais fondamentalement, il est très différent. Examinons à présent les quatre erreurs qui empoisonnent le plus souvent les relations entre les sexes.

DE LA DIFFICULTÉ D'AIDER L'AUTRE

Quand l'autre réagit autrement que prévu, la frustration nous conduit à le déprécier, même si notre intention était de l'aider.

Patrick juge Jennifer trop émotive. Dans les moments de crise, il se montre désinvolte quand Jennifer perd le contrôle de ses nerfs.

C'est là une différence fréquente entre les hommes et les femmes, mais l'incompréhension des uns et des autres crée d'autres problèmes. Patrick croit lire un manque de confiance dans la réaction de Jennifer. Il croit l'aider en lui répétant de ne « pas s'énerver » mais obtient l'effet inverse. C'est son apparente indifférence qui amène Jennifer à douter de son amour.

DE LA DIFFICULTÉ D'ÊTRE
AGRÉABLE À L'AUTRE

Une autre erreur consiste à croire que « ce qui est bon pour soi l'est aussi pour l'autre ».

Par exemple, Alise agace son mari en l'entourant d'un excès de prévenances. S'imaginant lui faire plaisir, elle ne parvient qu'à l'agacer. Plus elle croit lui être agréable, plus elle aggrave son malaise : comme beaucoup d'hommes, Henry redoute l'étouffement. À moins de comprendre que les besoins de son mari diffèrent des siens, Alise a peu de chances de les satisfaire.

LES FEMMES DOUTENT FACILEMENT
DE L'AMOUR DES HOMMES

Les femmes ont l'habitude de jauger l'amour des hommes à l'aune de leurs propres critères. Par exemple, Patrick donne la priorité à ses problèmes personnels, reléguant tout le reste à l'arrière-plan. Devant le peu de cas qu'il fait des siens, Jennifer doute de son amour.

Pourtant, Patrick aime Jennifer : si ses problèmes lui semblaient urgents, il les placerait en tête de liste. Ne comprenant pas son mode de fonctionnement, Jennifer a peine à croire qu'elle compte réellement à ses yeux. Pour sa part, Patrick ne comprend pas que sa façon de traiter les problèmes entraîne chez elle un sentiment de frustration.

Ce double malentendu naît d'une différence fondamentale entre les sexes : quand il est sous pression, un homme tend à parer au plus urgent au détriment de tout ce qui lui paraît secondaire. La femme, elle, garde présentes à l'esprit toutes les données du problème. Même dans le cadre de son travail, il lui est inconcevable de négliger les besoins de ses proches pour se concentrer sur un seul objectif.

LES HOMMES MANQUENT DE TENDRESSE
ET DE COMPRÉHENSION

Comment se montrer tendre quand on part du principe que sa partenaire DOIT penser comme soi ?

Patrick a du mal à respecter Jennifer quand elle se sent mal-aimée. Sachant combien il l'aime, ses reproches l'atteignent dans son honneur et il la juge alors ingrate ou déraisonnable.

Quand, après une dure journée, elle se plaint d'être débordée, il croit qu'elle lui reproche de ne pas l'aider davantage.

Jennifer, quant à elle, a juste besoin de se confier – un besoin que Patrick aurait du mal à respecter, vu qu'il ne le partage pas. Alors, au lieu de l'écouter, il l'interrompt sans cesse en suggérant des « solutions ». Jennifer n'y trouve pas son compte et Patrick estime ses efforts mal récompensés.

Malgré toute la bonne volonté du monde, il n'y a pas d'avancée possible sans une remise en cause de nos idées reçues. Celle qui veut que les deux sexes soient semblables engendre bien des conflits. À bien des égards, les hommes et les femmes sont aussi dissemblables que s'ils avaient vu le jour sur des planètes différentes. Si on ne comprend pas cela, tous les efforts qu'on fera pour perpétuer le miracle de l'amour seront voués à l'échec.

ET SI LES HOMMES VENAIENT DE MARS ET LES FEMMES DE VÉNUS?

Parfois, le fossé entre les sexes est si profond que le partenaire nous fait l'effet d'un extraterrestre. Imaginons un instant que ce soit vrai, que les hommes viennent de Mars et les femmes de Vénus.

Il y a bien longtemps, en collant l'œil à un télescope, les Martiens ont découvert la planète Vénus. À la vue des êtres étranges qui la peuplaient, ils ressentirent une excitation qui les poussa à construire des vaisseaux spatiaux pour gagner cette nouvelle planète.

Sitôt arrivés, ils eurent la surprise de constater qu'ils se sentaient plus forts et plus vivants en présence de ces magnifiques créatures.

Les Vénusiennes réagirent avec la même intensité à l'arrivée des Martiens : à leur contact, leur cœur s'ouvrit à un sentiment jusque-là inconnu, telle une fleur qui s'épanouit sous la caresse du soleil.

Martiens et Vénusiennes s'envolèrent ensemble pour la plus belle planète du système solaire, la Terre. Durant quelque temps, ils y vécurent dans la plus parfaite concorde, sans l'ombre d'une dispute.

Le secret de leur entente résidait dans le respect de leurs différences. Ni l'une ni l'autre race ne tentait de modifier quoi que ce soit chez l'autre. Ils ne raisonnaient pas en terme de supériorité, mais de complémentarité. Leur interaction les renforçait mutuellement, pour leur plus grande satisfaction.

Mais un matin, sous l'influence de l'atmosphère terrestre, ils se trouvèrent frappés d'une forme d'amnésie qui leur fit perdre tout souvenir de leurs planètes d'origine.

En quelques secondes, ils oublièrent qu'ils étaient des êtres différents et que leurs langages, pour être voisins, n'en étaient pas moins distincts. Ils oublièrent qu'ils ne partageaient ni les mêmes valeurs, ni les mêmes objectifs et que leurs manières de percevoir et appréhender la réalité divergeaient sur bien des points.

En l'espace d'une nuit, ils avaient cessé de respecter leurs différences. Désormais, ils considérèrent celles-ci comme des défauts – preuves de bêtise, de folie, de méchanceté, d'immaturité, d'égoïsme, d'entêtement ou de faiblesse. Leurs différences, au lieu d'être une source d'émerveillement, donnèrent lieu à une foule de conflits.

C'est pourquoi, aujourd'hui encore, les hommes comme les femmes se croient obligés de changer l'autre plutôt que de le conforter dans ce qu'il est. Inutile de dire que dans ces conditions, il est de plus en plus difficile de donner et recevoir. Quand les hommes et les femmes sont incapables de comprendre, accepter et apprécier leurs différences, c'est l'idée même de l'amour qui est en danger.

DE LA BONNE GESTION DES CONFLITS

À chaque fois qu'un homme et une femme nient leurs différences, il s'ensuit un conflit. Revenons sur l'exemple de Patrick et de Jennifer :

Quand Jennifer est sous pression, elle a besoin de se confier et d'être câlinée par quelqu'un de confiance.

Patrick, au contraire, se retire en lui afin d'évaluer la situation. Alors, pas question de câlins !

Quand Patrick et Jennifer tentent de s'épauler sans tenir

compte de leurs différences, il s'ensuit un tas de problèmes qui pourraient être évités.

Un jour, Jennifer, très énervée, voudrait s'ouvrir à Patrick de ce qui la tourmente mais celui-ci, croyant bien faire, quitte la pièce en la laissant seule.

Il ne viendrait jamais à l'idée de Jennifer d'aller faire un tour en laissant l'être aimé en plein désarroi. Aussi se méprend-elle sur son geste en supposant qu'il ne l'aime plus.

Mais peut-être n'a-t-il simplement pas remarqué son énervement? Jennifer se met alors en devoir de sangloter le plus fort possible, pour être sûre qu'il l'entende. Patrick, toujours pour respecter son intimité, quitte alors la maison.

Jennifer nage en pleine confusion : comment cet homme qui prétend l'aimer peut-il faire preuve d'une telle goujaterie?

Quand Patrick rentre, Jennifer, décidée à lui donner une seconde chance, l'informe des raisons de son malaise. Patrick l'écoute avec attention et conclut – toujours selon ses propres critères – qu'elle attache trop d'importance à des broutilles.

— Tu t'énerves pour rien, lui dit-il. Comment as-tu pu croire que je ne t'aimais plus? C'est ridicule, ajoute-t-il dans un éclat de rire. J'espère que tu plaisantais…

Loin d'être rassurée, Jennifer est piquée au vif :

— Si tu m'aimais vraiment, lui rétorque-t-elle, jamais tu ne m'aurais traitée comme ça!

C'est au tour de Patrick de ne plus comprendre. En homme qu'il est, il se retire alors dans sa grotte pour analyser la situation.

L'un et l'autre ont pourtant tout fait pour éviter le conflit, avec pour seul effet de l'aggraver. Dans son trouble, chacun s'imagine que l'autre a l'esprit dérangé.

Pourtant, ni Patrick ni Jennifer ne sont fous… Ils sont juste différents.

LES HOMMES SE RENFERMENT DANS LEUR COQUILLE

À peine Patrick a-t-il quitté la pièce que Jennifer regrette de l'avoir vexé. En femme qu'elle est, elle court alors frapper à sa porte :

— Je comprends que tu sois fâché contre moi, Patrick. Tu veux qu'on en parle ensemble?

Réponse typiquement masculine de Patrick :

— Je n'ai pas envie de parler. Laisse-moi seul, d'accord ?

Jennifer insiste pour qu'il se confie (une attitude typique des femmes entre elles) :

— J'admets que tu sois fâché, mais je voudrais que tu m'expliques pourquoi.

Sa sollicitude ne fait qu'augmenter le ressentiment de Patrick :

— Fiche-moi la paix ! aboie-t-il.

Jennifer se retire, redoutant d'avoir tué son amour.

En réalité, Patrick est bien moins en colère que ne le suppose Jennifer. Simplement, il a besoin de temps pour se calmer. Jennifer imagine le pire : pour se retirer ainsi dans sa coquille, il faut qu'il soit vraiment furieux... Elle ne comprend pas que ce besoin de solitude agit justement comme une soupape de sécurité.

Le fait est que les hommes sont aussi prompts à rentrer dans leur coquille qu'à en sortir. Encore une chose que les femmes ont du mal à admettre.

De méprise en méprise, de dispute en conflit, Patrick et Jennifer accumulent la rancune. Malgré tout leur amour, ils ne parviennent pas à se faire du bien. Le problème est qu'ils n'ont pas conscience de la nature différente de leurs besoins.

LES FEMMES TENDENT À SE SOUS-ESTIMER

Henry et Alise ont l'un pour l'autre un amour sincère. Mais après six ans de mariage, Alise doute d'elle-même et l'impute à son mari. Henry, pour sa part, s'investit peu dans leur vie de couple. Il rentre pour dîner devant la télé puis va se coucher. S'il arrive encore qu'ils sortent ensemble, ils n'ont pas grand-chose à se dire.

Comme beaucoup de femmes aimantes, Alise est très vulnérable. Elle a besoin d'être entourée et choyée pour se sentir bien et s'estimer. Que son compagnon lui témoigne moins d'attentions, elle en vient à douter de sa valeur :

— Si on me traite avec amour et respect, alors je me sens digne d'amour et de respect. Mais si on me témoigne moins d'amour, c'est que je ne le mérite plus. Donc, pour être aimée, il me faut donner encore plus de sorte à ne pas devoir réclamer.

C'est bien ainsi qu'elle conçoit sa relation avec Henry. Au bout d'un an de mariage, ce dernier a commencé à la négliger au profit de son travail. À la maison, il ne lui faisait jamais part des problèmes qu'il pouvait rencontrer (une façon pour lui de se montrer rassurant) mais de jour en jour, il devenait plus distant. Alise s'est mis en tête qu'il nourrissait contre elle quelque rancune secrète : à ses yeux, le meilleur moyen de vider une querelle est encore d'en parler, le silence ne faisant qu'augmenter la rancœur.

De peur d'envenimer la situation, elle lui a témoigné encore plus d'amour. Paradoxalement, moins Henry comblait ses désirs, plus elle s'efforçait de satisfaire les siens.

Par moments, elle « craquait » en lui reprochant son manque d'égards. Henry se murait alors dans un silence qui augmentait le malaise d'Alise : après avoir tout mis en œuvre pour le regagner, elle redoutait d'avoir échoué.

Comme Henry acceptait mal ses exigences, elle s'est évertuée à refouler celles-ci, feignant le détachement. De temps en temps, toutefois, elle cessait de se contrôler et son émotivité reprenait le dessus.

Devant la réaction d'Henry, elle culpabilisait alors et forçait encore plus sa nature pour répondre à ce qu'elle croyait être son attente. Plus elle avait honte d'elle, plus son besoin compulsif de donner s'accroissait.

À force de répéter le même schéma, Alise a fini par ne plus savoir qui elle était. Son couple tenait bon, mais elle était malheureuse. Henry se demandait où était passé son sourire et l'éclat de son regard. Sans comprendre comment, il avait perdu l'envie de s'investir dans leur relation.

LES HOMMES S'INVESTISSENT TROP PEU

À force de privilégier ce qui lui semble le plus important, Henry a fini par voir le monde avec des œillères. Quand il rencontre un problème dans le cadre de son travail, il lui consacre toute son attention au détriment d'Alise. Au bout de six mois de mariage, considérant que leur couple roulait sur des rails (les hommes ont toujours tendance à considérer l'amour d'une femme comme acquis une fois pour toutes), il s'est lancé à corps perdu dans sa vie professionnelle. Malheureusement, leur union était loin d'être aussi solide qu'il le supposait…

Nombre d'hommes raisonnent ainsi :

— Si elle se sacrifie, c'est qu'elle estime que je le mérite. Alors, je vais rester bien tranquille et me laisser faire. Si elle me donne déjà tout, pourquoi lui donnerais-je plus?

Cela explique qu'une fois achevée la conquête d'une femme, les hommes tendent à devenir paresseux. Tant qu'elle leur sourit, ils ne voient pas l'intérêt d'en faire plus.

Au bout de quelque temps, la relation d'Alise et Henry était devenue bancale : moins il en faisait, plus elle donnait dans l'espoir d'obtenir plus. Malheureusement, ses sacrifices produisaient l'effet inverse : à son insu, Henry était en train de perdre l'estime de sa femme et celle-ci se murait dans la rancœur et l'insatisfaction. Comment pouvait-il en être autrement quand son besoin de donner visait uniquement à combler un manque?

Alise elle-même n'a pas conscience de cet état de fait. De temps en temps, son aigreur éclate au grand jour, quand l'un et l'autre s'y attendent le moins. À chaque fois qu'Henry bouscule ses habitudes pour lui être agréable, la rancœur accumulée empêche Alise d'apprécier son geste à sa juste valeur. Et quand elle sollicite son aide, sa véhémence fait qu'elle semble formuler une exigence.

LES FEMMES COMPTENT LES POINTS

Ce qu'ignore Henry, c'est que les femmes ont une capacité presque infinie à donner et donner encore sans rien demander en retour – sauf qu'en leur for intérieur, elles comptent les points. Les femmes sont très fortes à ce jeu-là. Elles continuent de donner dans l'espoir qu'un jour, le score sera à égalité : leur partenaire finira par leur exprimer sa reconnaissance et tout leur rendre d'un coup. Alors – croient-elles – leur tour viendra de se laisser choyer.

L'homme, de son côté, n'imagine guère que le score est en sa défaveur. Quand il accorde quelque chose à sa compagne, il attend la réciproque avant de s'engager plus avant. À 3-1, il se plaindra de son ingratitude ou lui opposera un refus pur et simple.

Une femme attend d'être à 20 contre 1 avant d'esquisser la moindre plainte. Quand Alise lui adresse des reproches, Henry le perçoit comme une injustice parce qu'il croyait le score égal. Sans ça, pourquoi Alise aurait-elle continué à donner? Il estime qu'elle lui doit des excuses quand en réalité, c'est lui qui s'est montré le moins généreux.

Pour l'homme, le moyen de résoudre ce dilemme consiste à devancer les besoins de sa compagne... et à lui pardonner d'attenter à son amour-propre. La femme, pour sa part, doit cesser de se sacrifier pour éviter que l'écart ne se creuse. En bref, la sagesse consiste à remettre les compteurs à zéro.

SI ON AVAIT SU...

C'est en prenant conscience de leurs différences que les hommes et les femmes trouveront des solutions à des problèmes séculaires.

Revenons un instant sur les exemples cités plus haut : si Patrick faisait l'effort d'écouter Jennifer, il comprendrait qu'il l'exaspère en la traitant comme un homme.

Si Jennifer admettait leurs différences, au lieu de se sentir menacée, elle saurait qu'il n'a pas l'intention d'être méchant ni de la priver d'amour. Elle acquiescerait à son besoin de solitude et Patrick pourrait s'isoler sans qu'elle s'inquiète. Surtout, Jennifer trouverait le moyen d'exprimer son agacement sans donner l'impression de le reprocher à Patrick.

Si Alise comprenait mieux la psychologie des hommes, elle saurait qu'ils fonctionnent comme des pompiers : quand un incendie se déclare, ils jettent toutes leurs forces dans la bataille. Le reste du temps, ils se reposent dans l'attente du prochain sinistre. Elle parviendrait alors à lui exprimer ses désirs sans aigreur et de telle sorte qu'il puisse les comprendre.

Henry, quant à lui, saurait qu'une femme dans le désarroi donne de sa personne jusqu'à s'y épuiser. La prochaine fois qu'Alise se plaindra d'être surmenée, au lieu de lui reprocher d'en faire trop, il la rassurera par une écoute attentive.

De son côté, Alise doit comprendre que les récriminations augmentent la passivité des hommes. Quand Henry lui paraît amorphe, au lieu de le secouer, il lui faut revenir à des sentiments plus tendres et lui faire savoir combien elle apprécie tout ce qu'il fait pour elle : un homme répond d'autant mieux à une demande qu'elle est formulée sans aigreur et sans faux airs de martyre.

Henry doit aussi savoir qu'une femme donne d'autant plus qu'elle se sent mal-aimée. Quand Alise montre un intérêt inhabituel pour son travail, à lui de décrypter le message et de lui rendre la pareille.

Les hommes sont moins prompts à changer leurs habitudes que les femmes mais quand ils les changent, c'est du sérieux. Pour leur part, les femmes changent moins facilement d'humeur que les hommes, d'où l'intérêt pour ces derniers de se montrer patients avec elles.

Plutôt que de le condamner, imaginez que votre partenaire est issu d'une planète lointaine. Si vous rencontriez une charmante créature extraterrestre, la curiosité vous inciterait certainement à faire preuve de patience à son égard. Cet esprit de tolérance est nécessaire à l'épanouissement d'un sentiment durable.

Dans le chapitre suivant, nous étudierons les quatre clés d'une relation harmonieuse et mutuellement enrichissante.

CHAPITRE 2

COMMENT SE CONSTRUIT UNE RELATION

Les clés d'une relation mutuellement satisfaisante sont au nombre de quatre :

1. *La communication intentionnelle*, qui vise à comprendre en étant compris.

2. *Une juste compréhension* de nos différences, pour mieux les respecter et les apprécier.

3. *Le refus de juger*, soi-même ou l'autre.

4. *Le partage des responsabilités* dans les problèmes du couple et l'apprentissage du pardon.

Ces quatre clés vous aideront à surmonter vos difficultés passées en vue d'établir des relations plus stables et enrichissantes.

LA COMMUNICATION INTENTIONNELLE

La communication est indispensable à la compréhension des différences d'autrui. Dans mon premier ouvrage, *What You Feel, You Can Heal* (« Ressentir, c'est guérir ») j'ai dit combien il était important de toujours dire la vérité, surtout dans un couple. L'intimité se

nourrit de la vérité partagée. Mais d'abord, il convient de bien maî-
triser les mécanismes de la communication.

Je me permets d'illustrer ici mon propos d'un souvenir personnel : un jour, je profite de ma pause déjeuner pour emmener ma
femme au restaurant. D'entrée, je signale au serveur que nous
sommes pressés. Vite, il nous installe à une table, nous apporte la
carte et enregistre notre commande. Jusque-là, direz-vous, rien que
de très normal.

Mais tandis que nous commandions, un groupe avait pris
place à la table voisine. À peine dix minutes plus tard, ils étaient
servis et nous attendions toujours.

Encore cinq minutes et je commence à voir rouge. Harponnant
le serveur, je lui dis, en faisant de gros efforts pour rester aimable :

— Je vous rappelle que nous sommes pressés. Les personnes
à la table voisine sont arrivées après nous et elles sont déjà servies.
Où est notre commande ?

— Elle arrive, monsieur.

Sa réponse n'étant pas de nature à me satisfaire, j'insiste :

— Les personnes à la table voisine sont déjà servies. Et nous,
alors ?

— Ça vient, monsieur, me répète le serveur.

Vous imaginez ma fureur… Aux oubliettes, mon flegme naturel et mes talents de communicateur ! Je regagne notre table, prêt
à faire un esclandre. Si notre repas ne paraît toujours pas, les occu-
pants de la table voisine ont déjà fini le leur et s'apprêtent à payer.

Cette fois, c'en est trop. Comme je cherche le patron, je re-
tombe sur le même serveur que j'agresse derechef :

— Et notre commande ?

— Elle arrive, monsieur, me répète-t-il, paniqué.

C'est alors que j'ai la bonne idée de demander :

— Mais *pourquoi* est-ce si long ? Et *pourquoi* la table voisine
a-t-elle été servie avant nous ?

Cette fois, le serveur prend la peine de m'expliquer :

— Ces personnes ont commandé le menu rapide. Le vôtre
dépend de la cuisine principale. Or, nous sommes débordés à cause
d'un banquet qui a lieu en ce moment même dans la salle d'à côté.
Le chef m'a promis que votre commande n'allait plus tarder. Je suis
vraiment navré de vous avoir tant fait attendre.

En un éclair, mon énervement et mon sentiment d'impuissance
se sont évanouis : enfin, j'avais *compris*. Du coup, je trouvai le

moyen de compatir au malheur de notre serveur et pris le parti de ne plus m'énerver. Bien mieux, je commençai à prendre plaisir à mon environnement et plus que tout, à la compagnie de ma femme. Mes efforts pour communiquer avec le serveur étaient voués à l'échec, à moins d'essayer de *comprendre*. J'aurais pu m'indigner : « C'est incroyable ! C'est une honte ! J'exige de voir le patron », ou menacer : « Si nous ne sommes pas servis dans trois minutes, nous partons et ne remettrons plus les pieds ici. » Mais à quoi cela aurait-il servi, sinon à jeter de l'huile sur le feu ?

Dans les moments de crise, nos efforts pour communiquer sont souvent parasités par le désir d'intimider, de dominer ou de culpabiliser l'autre. Comment éviter alors sa rancune ? À l'inverse, la vraie communication vise à établir un climat de confiance et de compréhension mutuelle.

UNE JUSTE COMPRÉHENSION

En elle-même, la communication ne résout rien : c'est la compréhension qui enrichit nos relations avec autrui quand l'incompréhension les empoisonne.

Combien de fois, après nous être disputés avec un être cher, n'avons-nous pas découvert a posteriori que notre différend reposait sur un simple malentendu ? Mieux on connaît l'autre, plus on croit le comprendre. Pourtant, il n'est pas rare que nous nous méprenions sur ses intentions ou sur le sens de ses paroles.

Mon travail de conseiller conjugal m'oblige souvent à jouer les interprètes : monsieur dit une chose et madame en entend une autre (ou inversement). C'est à croire qu'ils ne parlent pas la même langue. Très vite, le conflit menace. Pourtant, il suffirait qu'il ou elle reformule sa pensée de façon à ce que l'autre la comprenne pour le désamorcer.

Je me revois demandant à une cliente ce qu'elle attendait de son mari. Martha (c'est ainsi que je l'appellerai) répondit avec des larmes dans la voix :

— Je voudrais juste qu'il m'écoute… Qu'il m'entende. J'ai l'impression qu'il ne m'aime pas.

À ces mots, son mari (appelons-le Joe) parut se raidir, puis il haussa les épaules et poussa un long soupir qui agaça un peu plus son épouse. Je demandai alors à celle-ci comment elle comprenait la réaction de son mari.

— Il montre qu'il s'en fiche, répondit-elle. Il me fait comprendre que je suis trop exigeante et qu'il m'écoutera le jour où j'aurai quelque chose d'intéressant à dire.

Comme Joe s'insurgeait contre cette interprétation, je le pressai de dire ce qu'il avait réellement ressenti en entendant sa femme exposer ses griefs.

— Je pensais à tout ce que j'ai fait pour elle cette semaine et je me disais que je n'étais vraiment pas à la hauteur. Mais quand elle s'est mise à interpréter ma réaction, ça m'a fichu en rogne et j'ai tenté de lui démontrer qu'elle avait tort.

Martha avait perçu la réaction de Joe comme une condamnation et une marque d'indifférence. En réalité, c'est sa méprise qui a suscité ces sentiments chez Joe, quand l'expression de sa douleur l'avait au contraire ému.

La plupart des tensions proviennent de malentendus de ce type. Pour les éviter, il convient de faire des efforts de communication mais ceux-ci ne seront réellement efficaces que s'ils visent à *comprendre*.

La compréhension s'exerce à plusieurs niveaux :

- Mieux se comprendre soi-même et comprendre les autres.

- Comprendre que les deux sexes réagissent différemment au stress.

- Comprendre les sentiments qui sous-tendent les réactions d'autrui.

- Admettre que les apparences peuvent être trompeuses (quand votre partenaire hausse les épaules, il se peut que ce geste n'ait pas la même signification pour lui que pour vous).

- Admettre que ce qui paraît simple à exprimer l'est peut-être moins pour autrui.

- Admettre que certaines paroles qui nous semblent anodines peuvent être blessantes pour l'autre.

- Admettre que ce qui est bon pour nous ne l'est pas forcément pour l'autre.

- Ne pas oublier que l'autre parle une autre langue, même si elle sonne un peu comme la nôtre.

L'infinie diversité des caractères multiplie d'autant les risques de malentendus. Seul le respect de nos différences nous permet de jeter des ponts en direction des autres.

LA PEUR D'ÊTRE DIFFÉRENT

Dans le monde des enfants, la différence prête à rire ou suscite le rejet. Pour être populaire, il convient d'imiter ceux qui le sont déjà. Tous les efforts des enfants visent à ressembler aux autres.

À l'âge adulte, même si on a eu la chance d'avoir des parents qui vous ont conforté dans votre singularité, on ne parvient pas toujours à se défaire de la crainte d'être rejeté à cause de sa différence. Cette crainte, nombre d'entre nous la partagent – non sans raison, hélas : les esprits faibles sont toujours prompts à crier haro sur celui qui ose sortir du rang.

LE MIRACLE DE LA DIFFÉRENCE

La différence attire comme un aimant, mais elle nécessite un effort de compréhension.

De par leurs différences, hommes et femmes se complètent et s'harmonisent. Quelqu'un d'agressif sera attiré par une personne plus calme, laquelle lui permettra de rétablir le contact avec la sérénité qu'il dissimule en lui. C'est cette complémentarité qui crée l'attirance et ce sentiment mystérieux qu'on nomme l'amour. Plus on apprécie l'autre dans sa singularité, plus il nous paraît proche. Ce paradoxe apparent met en lumière une vérité essentielle des relations humaines : le partenaire idéal est un subtil alliage de différences et de similitudes.

Il existe bien des manières d'exprimer ce miracle. En voici quelques-unes, glanées au cours de consultations :

- Nous sommes si différents... Mais ce qui nous maintient ensemble, c'est la passion.

- À bien des égards, nous sommes complètement différents : il est du soir, moi du matin. C'est un rêveur et moi, j'ai les pieds bien sur terre. Il est insouciant quand je me fais une montagne de tout… Et pourtant, sur l'essentiel, on ne forme qu'un.

- Je l'aime et la déteste tour à tour. Mais quand je cesse de l'aimer, c'est que je ne m'aime plus moi-même. Parce qu'au fond, je sais qu'on est faits l'un pour l'autre.

- Même si nos problèmes sont très différents, c'est quelque chose qui nous rapproche. Chacun fait son possible pour aider l'autre sans le rabaisser. S'il était parfait et s'il avait moins de problèmes, je crois que j'aurais l'impression de le tirer vers le bas.

- Pendant deux ans, nous avons vécu une union sans nuages. Puis un jour, je me suis aperçue que nous n'avions pas grand-chose en commun. Sur le coup, ça m'a drôlement déprimée… Mais c'est alors que j'ai vraiment compris ce qu'était l'amour. En exprimant nos griefs et nos sentiments, nous avons appris à mieux nous connaître et nous apprécier. J'ai fini par l'aimer pour ce qu'il était, non pour ce que je désirais qu'il soit.

Dans tous ces exemples, l'amour ne doit son existence qu'à un effort de compréhension et de tolérance. De cette manière, il peut remplir son objectif qui est d'harmoniser les différences au sein d'une relation durable.

LE REFUS DE JUGER

Mieux on exprime ses sentiments et ses désirs, moins on éprouve le besoin de juger. À la longue, les jugements négatifs que nous portons sur nous-mêmes et nos actions nous empêchent de cultiver nos talents et d'apprécier pleinement l'existence : une tendance exagérée à la critique trahit toujours un manque de confiance en soi.

Il en découle un sentiment de manque généralisé – manque de temps, d'argent, d'amour… Très vite, les amis, la famille ne suffisent plus à le combler et les jugements négatifs achèvent de gâcher les relations avec l'entourage.

L'amour et le respect d'autrui entraînent automatiquement l'amour de soi : à chaque fois que nous créons des liens d'amour, nous grandissons dans notre propre estime.

Inversement, condamner l'autre équivaut à se condamner soi-même : la plupart des jugements négatifs que nous portons sur autrui ne font que traduire la piètre opinion que nous avons de nous-mêmes.

À LA RECHERCHE DE L'UNITÉ PERDUE

Le respect de nos différences, en nous permettant de mieux apprécier nos similitudes, génère des attitudes positives telles que la compassion, l'empathie, la tolérance et le sentiment de ne former qu'un avec l'autre. Il est encore un facteur d'intérêt, d'attirance, de persévérance et d'enthousiasme.

À mesure qu'on se comprend mieux, on renonce peu à peu aux condamnations qui nous isolent les uns des autres. Car ce sont moins nos différences qui nous séparent que les jugements issus de la méconnaissance de l'autre.

LE PARTAGE DES RESPONSABILITÉS

La quatrième « clé » est le partage des responsabilités et l'apprentissage du pardon. Mais quand on persiste à jouer les victimes, il est impossible de pardonner.

Vous est-il arrivé de penser : « Je donne, je donne et je ne reçois rien en retour. » Ou : « Tout allait si bien! Pourquoi as-tu tout gâché? » L'éternelle victime décline toute responsabilité dans ce qui lui arrive et se déclare incapable d'agir sur son destin. Cette attitude empoisonne ses relations avec ses proches et toute son existence.

Une victime n'admet jamais qu'en agissant autrement, elle aurait obtenu de meilleurs résultats. Elle n'a pas conscience qu'elle aggrave sa situation en l'analysant de travers. En outre, elle refuse de tirer quelque leçon que ce soit de ses expériences malheureuses, brandissant toujours son passé, telle une excuse. Cet état d'esprit encourage le ressentiment et les reproches.

Le ressentiment est une marque de défiance ou de rejet : quand nous nous méfions de quelqu'un, c'est que nous comprenons mal ses réactions. Si nous le rejetons, c'est qu'il a déçu notre attente. Or, si la transmission de pensée est un phénomène courant entre femmes, elle est quasi impossible d'un sexe à l'autre.

Le ressentiment vient de ce que nous méconnaissons les raisons du comportement d'autrui. Plus simplement, nous avons tendance à nous considérer comme une victime, et l'autre comme un bourreau.

LA PROVOCATION INCONSCIENTE

Faute de comprendre nos différences, il est fatal que nous nous marchions de temps en temps sur les pieds. En s'assumant comme Martien ou Vénusienne, il devient plus aisé de comprendre en quoi on a pu blesser l'autre.

L'examen de nos actions, s'il est fait dans le respect de nos différences, nous révèle en quoi notre comportement a pu affecter les autres et susciter chez eux telle ou telle réaction.

Mais notre responsabilité ne s'arrête pas là : nos pensées et nos sentiments aussi opèrent sur les autres, même si leur portée est plus difficile à mesurer.

À chaque fois qu'on porte un jugement sur quelqu'un (même sans l'exprimer), celui-ci tend à s'y conformer, du moins pour un temps : si on le taxe de froideur ou d'indifférence, il nous manifestera de la froideur ou de l'indifférence, et ainsi de suite.

Plus une personne compte à nos yeux, plus on est sensibles à l'opinion qu'elle a de nous. Cette influence augmente à mesure que le lien – notamment physique – se resserre.

Par exemple, quand une femme estime un homme indifférent, celui-ci est automatiquement porté à lui donner raison. Même si elle affecte d'être comblée, il devine sa réprobation et demeure sur la réserve. Sa réaction au jugement négatif de sa compagne prend le pas sur la tendresse qu'il voudrait lui témoigner.

De même, une femme donne d'autant plus libre cours à ses émotions que son compagnon la juge déraisonnable. Même s'il prétend la comprendre, elle perd pied et devient confuse.

Toutefois, la provocation ne justifie pas tous les comportements : on est toujours maître de ses actes. En imputer la faute à l'autre revient à se poser en victime mais ne constitue en aucun cas une excuse. À l'inverse, le fait de savoir que nos pensées influencent l'autre n'est pas un blanc-seing donné à celui-ci, même si nous nous sentons plus en sympathie avec ses réactions.

Mais ce n'est pas là le pire : si nos *jugements* provoquent un dysfonctionnement *temporaire*, le *ressentiment* entretient celui-ci. Un homme qui supporterait mal l'hypersensibilité de sa femme prendrait le risque de la maintenir en permanence dans cet état. De même, une femme qui tiendrait rigueur à son époux de son indifférence risquerait de le voir s'installer dans cette attitude.

Il n'est pas rare qu'un homme rentre chez lui plein de bonnes intentions et que celles-ci s'évanouissent sitôt en présence de sa femme. Quelle que soit l'attitude de cette dernière, c'est sa rancune secrète qui suscite en lui cette réaction.

L'inverse est également vrai : une femme peut avoir un élan vers son mari et se laisser envahir par des sentiments négatifs sans que, là encore, le comportement du partenaire soit en cause.

La rancune enracine les préjugés défavorables, rendant ceux-ci d'autant plus néfastes. Quelques efforts qu'on fasse pour la tenir cachée, elle transparaît dans nos actions, nos paroles, nos regards, notre voix, souvent à notre insu.

Dès lors que la rancune s'installe, il est quasi impossible de revenir sur nos jugements ou d'établir un échange. Confronté à tant de rancœur, comment l'autre demeurerait-il ouvert au dialogue ? L'aisance avec laquelle on communique au début d'une relation s'explique par l'absence de passif entre les partenaires.

Cette accumulation met l'amour en danger. Pour y remédier, il convient de comprendre ce qui, dans notre comportement, a pu provoquer la réaction de l'autre. Mieux on comprend, plus il est facile de pardonner.

DU REFOULEMENT DES GRIEFS

L'autre obstacle qui freine cette prise de conscience est le refoulement. Lorsqu'on refoule un grief, il devient inconscient. Comment admettre dès lors qu'on est responsable des dysfonctionnements du partenaire ?

Quand une personne s'astreint à aimer, comprendre et accepter en l'absence d'un vrai dialogue, elle refoule ses griefs, et ses bonnes intentions de départ ne font qu'aggraver le malaise.

Imaginons qu'un homme frappe sa femme d'un coup de massue sur la tête. Voyant son sang couler, il admettra sans difficulté qu'il est responsable de sa blessure et il comprendra qu'elle puisse le blâmer.

Mais si ce sont ses griefs cachés qui la blessent et motivent ses reproches, il lui sera plus difficile de l'admettre. Sa réaction à cette agression invisible et inconsciente lui paraîtra alors injustifiée, voire insensée.

LA BONNE VOLONTÉ NE SUFFIT PAS

Malgré tous vos efforts, votre amour ne sera jamais pur tant qu'il y subsistera la moindre trace de rancune. Une fois débarrassé de celle-ci, l'amour devient un jeu d'enfant. À chaque fois qu'il requiert un effort, c'est signe qu'il persiste un refoulement.

Rappelez-vous comme tout paraît simple au début d'une relation... Quand j'ai connu ma femme, je n'ai pas eu à me forcer pour l'aimer. Quand ma fille tombait de son lit étant bébé, tout mon être me dictait de voler à son secours.

Un sentiment positif est forcément instinctif, ou alors il est fabriqué. Lorsqu'on nourrit un grief contre un interlocuteur, il est difficile de le lui cacher. D'instinct, il se tient sur ses gardes pour parer aux reproches.

Quand on l'a compris, il est plus facile d'admettre que l'hostilité de l'autre découle des jugements qu'on a pu formuler sur lui, ouvertement ou non.

Linda (38 ans) était mariée depuis douze ans. Au bout de quelques années de thérapie, elle a reconnu qu'elle était pour moitié responsable des problèmes de son couple. Jusque-là, elle s'était toujours considérée comme la victime d'un mari égoïste, insouciant et dépourvu de tendresse. Puis un jour, elle a compris que c'était ses griefs contre lui qui avaient empêché Bob de prêter attention à ses désirs.

Linda avait cru cacher son amertume à Bob en la lui taisant. Aussi, de son point de vue, Bob n'avait aucune raison de se sentir agressé puisqu'elle n'avait pas *formulé* de reproches à son encontre. Elle avait même été jusqu'à lui faire des avances auxquelles il n'avait pu répondre, augmentant du même coup son ressentiment.

Linda croyait cacher sa rancœur à Bob mais ses intonations, la crispation de sa mâchoire la trahissaient. Par conséquent, quand elle faisait appel à lui, sa réaction était de lui tourner le dos.

En suivant une thérapie, Linda est parvenue à démêler l'éche-veau des responsabilités de chacun. Elle a alors compris qu'il était en son pouvoir de remédier à la situation : dès lors qu'elle eut renoncé à jouer les victimes, tout alla beaucoup mieux au sein de son couple.

Je ne veux pas dire par là que Bob n'avait pas également ses responsabilités dans l'affaire : pour faire la guerre, il faut être deux adversaires. Mais Linda a été la première à comprendre qu'elle devait exprimer ses désirs à cœur ouvert, sans arrière-pensée. Vider le sac des rancœurs anciennes n'était pas un mince travail, mais il lui a appris à aimer réellement son mari.

Grâce à la technique de la « lettre d'amour » (j'y reviendrai plus tard), Linda a pu mettre à jour ses sentiments et ses frustra-tions les mieux enfouis. Quelle ne fut pas alors sa surprise devant l'empressement de son mari à la satisfaire ! Pour eux, ce fut comme une seconde lune de miel.

Il est beaucoup plus facile d'oublier sa rancœur dès lors qu'on renonce à jouer les victimes pour assumer sa part de responsabi-lités dans les problèmes du couple.

La connaissance est une arme puissante : la prise de conscience de nos différences nous rend plus tolérants, plus respectueux de l'autre. La mise à jour de nos griefs secrets, en nous délivrant d'un poids, nous invite au pardon. Mieux nous comprenons nos diffé-rences, plus nous sommes enclins à aimer et épauler notre parte-naire sans vouloir le changer.

CHAPITRE 3

HOMMES/FEMMES : QUELQUES DIFFÉRENCES ESSENTIELLES

Les différences les plus évidentes entre l'homme et la femme sont d'ordre physique – surtout en ce qui concerne le système de reproduction. Mais un examen plus poussé nous en révèle d'autres tout aussi significatives :

Les hommes ayant une peau plus épaisse que celle des femmes, ces dernières sont plus vite sujettes aux rides.

Les femmes ayant des cordes vocales plus courtes que les hommes, ceux-ci ont habituellement une voix plus grave.

Les hommes possèdent environ 20 % de globules rouges de plus que les femmes, d'où un surplus d'énergie. Leur respiration est également plus ample, alors que celle des femmes est plus rapide.

Les os des femmes sont plus petits, mais aussi disposés autrement que chez l'homme : la démarche de la femme est déterminée par son squelette. La largeur de son bassin, conçu pour l'enfantement, l'oblige à impulser plus de mouvement à chaque pas, causant ce balancement si attrayant pour l'homme.

Chez l'homme, le rapport muscles/graisse facilite la perte de poids et permet des « démarrages » plus rapides.

Pour sa part, la femme dispose sous l'épiderme d'une couche de graisse qui la tient au chaud l'hiver et la rafraîchit en été. Elle se constitue ainsi une réserve d'énergie, d'où sa plus grande endurance.

Mais ces différences physiques, pour importantes qu'elles soient, ne font que préparer le terrain à des dissemblances psychologiques autrement plus profondes.

DES DIFFÉRENCES GÉNÉRALES

Il est universellement admis que les femmes sont plus intuitives, plus sentimentales et qu'elles réagissent différemment au stress. Il serait absurde de croire que ces différences sont seulement culturelles.

En effet, ces dissemblances préexistent à l'éducation : dès la naissance, l'ADN des garçons et celui des filles véhiculent des informations différentes.

Bien sûr, il serait ridicule de prétendre que tous les hommes et les femmes se conforment à des stéréotypes. Mais chaque sexe présente des traits caractéristiques, et c'est sur eux que portera notre étude.

Le risque, avec les généralités, c'est que des gens se croient anormaux parce qu'ils ne se reconnaissent pas dans les modèles proposés. Pour éviter tout malentendu, dites-vous dès à présent que les traits dits « mâles » expriment votre part masculine – et inversement – et ce, quel que soit votre sexe.

De fait, notre société entretient la confusion des rôles et des sexes : les femmes sont souvent amenées à réprimer leur nature au profit de qualités plus typiquement masculines, et il en va de même pour leurs compagnons.

Le fait de développer notre potentiel caché est certainement une bonne chose mais encore faut-il veiller à préserver notre identité d'homme ou de femme (j'aurai amplement l'occasion d'y revenir).

De nos jours, nombre de femmes tendent à se comporter en homme : elles aspirent à l'indépendance et à la reconnaissance sociale au détriment de leurs valeurs propres. Si le féminisme a favorisé l'émergence d'une nouvelle race de femmes, il a trop souvent été interprété par celles-ci comme une incitation à *devenir* des hommes.

En réaction, les hommes ont développé leur sensibilité pour mieux répondre aux attentes de leurs compagnes. Mais celles-ci ont rejeté ces nouveaux hommes, les jugeant « gentils, mais pas désirables ». Imaginez quel peut être leur désarroi : si les modèles anciens ont échoué, aucune autre solution n'a encore fait la preuve de son efficacité.

Il serait utopique d'indiquer des « recettes » applicables à tous. Toutefois, on peut affirmer sans crainte qu'un modèle appelant à brimer sa propre nature pour adopter les valeurs de l'autre sexe ne peut être valable.

La confusion actuelle résulte du refus de nos dissemblances : c'est en nous acceptant et en intégrant les différences de l'autre que nous apprendrons à cultiver notre complémentarité sans compromettre notre identité.

Par exemple, un rationaliste sera attiré par une femme plus intuitive, leurs caractères (le masculin rationnel, le féminin intuitif) se complétant. À force d'amour, de compréhension et de respect, il apprendra à cultiver sa propre intuition sans renoncer à l'exercice de la raison.

Prenons maintenant l'exemple d'un homme essentiellement intuitif. Son premier travail est de s'accepter tel qu'il est – c'est-à-dire, doté d'un fort potentiel « féminin », probablement cultivé au détriment de sa part masculine. Dans sa recherche de l'équilibre, il sera attiré par une femme plus rationnelle. En l'aimant et la respectant, il parviendra à exercer sa propre raison sans renoncer à ses facultés intuitives.

Quand on prétend décrire les caractères masculins et féminins, il est difficile de ne pas sombrer dans la caricature. Mais ces différences tendent à être plus marquées sous l'action du stress (voir les chapitres 6 et 7). À l'inverse, elles sont moins prononcées dans les périodes de détente.

L'homme le plus « féminin » en apparence réagira de façon masculine en cas de stress. Avec un peu de travail, il n'aura pas de mal à faire émerger et à cultiver ses traits masculins complémentaires.

De même, une femme habituée à privilégier ses qualités « masculines », en s'appuyant sur les descriptions contenues dans cet ouvrage, apprendra à accepter et à aimer sa féminité, aussi profondément enfouie soit-elle.

DES DIFFÉRENCES QUI SE COMPLÈTENT

Pour comprendre comment l'homme et la femme peuvent être à la fois si semblables et si différents, il convient de se représenter un miroir : les différences entre sexes peuvent se comparer à un reflet dans une glace. Regardez-vous dans un miroir et vous y verrez votre image – du moins est-ce l'impression que vous aurez.

Mais si vous regardez d'un peu plus près, vous constaterez que votre reflet, pour ressemblant qu'il soit, n'en est pas moins très différent car inversé.

La psychologie de la femme est comme l'image miroir de celle de l'homme. À bien des égards, l'homme et la femme sont le reflet l'un de l'autre : différents mais complémentaires.

Pour mieux comprendre ce phénomène, songeons aux forces complémentaires telles que les a définies Newton : la force centripète converge vers un centre tandis que la centrifuge s'en éloigne. Ces deux forces apparemment contradictoires illustrent on ne peut mieux l'interaction des principes mâle et femelle.

Quand vous étiez au lycée, sans doute vous êtes-vous livré à une expérience consistant à faire tournoyer un seau plein d'eau relié à une corde. Rappelez-vous : une force mystérieuse semblait maintenir l'eau au fond du seau, malgré l'inclinaison de celui-ci.

La force centrifuge tend à projeter un objet vers l'extérieur quand celui-ci tourne autour d'un axe : c'est une force *expansive*. C'est elle qui empêchait l'eau de jaillir du seau. Si vous aviez alors coupé ou lâché la corde, le seau aurait été projeté loin de vous.

Au contraire, la force centripète tend à attirer l'objet en rotation autour d'un axe. C'est elle qui maintenait la corde tendue. En ce sens, on peut la qualifier de force *introversive*.

À l'instar de la force centrifuge, la femme a tendance à s'éloigner de son centre. Sa nature la pousse à sortir d'elle-même pour atteindre les autres. Lorsqu'elle aime, elle ne pense plus à elle et se laisse aisément déborder par les demandes de ses proches.

L'homme, en revanche, tend à rentrer en lui-même une fois la relation établie. Il reste axé sur ses besoins, au détriment de ceux de sa compagne. Dans ses relations avec les autres, il se montre facilement égoïste et négligent sans même en être conscient.

EXPANSION/INTROVERSION

Le problème essentiel des femmes est qu'elles oublient facilement leurs besoins pour se consacrer à ceux de leur partenaire. À force de se mettre ainsi en quatre, elles ont le plus grand mal à préserver leur personnalité. À l'opposé, l'homme a le plus grand mal à combattre sa propension au repliement.

Telle la force centripète, l'homme est tout entier dirigé vers un centre. Cela explique pourquoi ses échanges verbaux avec le sexe opposé le laissent souvent insatisfait : la femme a pour spécialité de noyer le poisson quand l'homme lui demande d'aller à l'essentiel.

En général, quand un homme prend la parole, c'est après mûre réflexion et quand il est sûr de ce qu'il veut dire. La femme, à l'inverse, a souvent besoin d'exprimer ses pensées à voix haute pour découvrir où elle veut en venir.

Quand l'homme recherche la solitude pour ruminer ses pensées, la femme trouve la clarté dans l'échange. Quand une femme commence à parler, elle ne sait pas forcément où elle veut en venir mais elle ne doute jamais d'y parvenir. Pour elle, le dialogue est le plus sûr moyen de se découvrir.

Bien souvent, l'agacement des hommes provient de ce qu'ils méconnaissent cette différence essentielle. Pour eux, il s'agit tout au plus d'une perte de temps.

DES STYLES DE COMMUNICATION OPPOSÉS

Prenons un exemple... Harris rentre chez lui. Aussitôt, sa femme Laura l'entreprend :

— Susie est furieuse : c'est la deuxième fois qu'elle manque un match de foot. Ton frère Tom a appelé ; ils ont l'intention de passer nous voir en juin. Comme je ne sais pas ce qu'on fera à ce moment-là, je n'ai pas su quoi lui répondre. On avait dit qu'on irait voir ma mère au début de l'été. Au fait, c'est quoi les dates des vacances ? Je n'arrive toujours pas à mettre la main sur les photos que maman m'a demandées. Tu sais, celles qu'on a prises à Yellowstone ? Tu as lu cet article que j'avais mis de côté, où ils disent de ne pas nourrir les ours de Yellowstone ? Les parcs nationaux ne sont plus ce qu'ils étaient ; je me rappelle l'époque où les ours venaient te manger dans la main. Mais qu'est-ce qu'on a pu faire de ces photos? Quelquefois, j'ai l'impression que tout va à vau-l'eau. Tu sais, je crois qu'on devrait prendre le temps de réfléchir à ce qu'on va faire cet été.

À force d'associer des idées apparemment disparates, Laura a fini par exprimer ce qui la préoccupait, à savoir l'organisation des vacances.

L'approche de Harris est très différente. Plutôt que de communiquer ses réflexions, il préfère les décanter afin d'en exprimer la quintessence.

Imaginons que Harris se voie proposer une mission pour le mois de juin. Il se demande si le supplément financier que cela représente vaut la peine de modifier ses projets de vacances, puis il songe à l'emploi que lui et sa famille pourraient faire de cet argent. Il envisage alors différents scénarios pour l'été, au cas où il refuserait la proposition de son patron. À moins qu'il ne l'accepte et ne rejoigne sa famille plus tard? Non, ce n'est pas une bonne idée. Au fait, quand les enfants seront-ils en vacances? Et comment pourrait-il effectuer cette mission sans contrarier les siens? Il préférerait ne pas devoir renoncer à une partie de ses congés, mais la perspective d'une prime vaut bien qu'il fasse un effort. De toute manière, il s'arrangera pour ne décevoir personne. « Je vais en parler à Laura, pense-t-il en conclusion. On verra bien ce qu'elle en dit. »

De retour chez lui, il annonce tout de go :

— On m'a proposé une mission pour le mois de juin. Il faudrait qu'on parle un peu des vacances.

Cette différence d'attitude est une source d'incompréhension et de tensions inutiles. Étudions tour à tour les réactions de Harris et de Laura à la méthode de leur conjoint...

Laura n'a pas plus tôt ouvert la bouche que Harris la sent préoccupée. Quand elle dit :

— Susie est furieuse d'avoir manqué son match de foot.

Il pense :

— C'est donc ça qui la tracasse? Mais pourquoi vient-elle me le reprocher? Il n'a jamais été question que j'emmène Susie au stade. Elle semble dire que c'est de ma faute, que je devrais m'occuper davantage des gosses. Mince, je fais déjà l'impossible!

Laura enchaîne sur le coup de fil de Tom. Harris cherche en vain un rapport avec ce qui précédait. Quand Laura précise qu'elle n'a pas la moindre idée de la date de leur départ, il songe :

— Tu crois que je le sais, moi? On n'en a même pas discuté! Tu voudrais que je rappelle Tom, c'est ça? On n'est pas obligés de lui donner une réponse tout de suite...

Laura s'interroge alors sur les dates des vacances scolaires. Harris grommelle *in petto* :

—— Ce n'est pas moi qui vais te le dire! Si ça te tracasse tant que ça, tu n'avais qu'à appeler l'école au lieu d'attendre mon retour.

Quand Laura mentionne les photos égarées, Harris bout intérieurement :

— Ah non!... Elle ne va pas encore me bassiner avec ça. Je lui ai déjà dit que je ne savais pas où elles étaient. Et puis, qu'est-ce que ça a à voir avec Susie? Qu'est-ce qu'elle cherche à me dire, au juste? C'est vrai, je suis parfois tête en l'air... Mais je n'ai jamais promis à Susie de l'emmener voir son match. À moins qu'elle ne me compare à Tom? Lui, il est tout dévoué à sa famille... Alors que moi, je ne suis même pas capable d'emmener ma fille au stade. C'est d'un ridicule!

Sa perplexité grandit encore avec l'allusion à l'article :

— Encore une fois, où est le rapport? Est-ce qu'elle veut dire par là que les gosses grandissent et que je suis trop absent? Qu'est-ce qu'elle veut que j'y fasse, si les ours ne viennent plus lui manger dans la main? C'est à devenir fou... Qu'est-ce que j'ai fait pour mériter ça?

Et quand Laura se plaint du désordre qui règne dans leur existence et qu'elle évoque enfin la question des vacances :

— Nous y voilà! Naturellement, tout est de ma faute : comme époux et comme père, je suis en dessous de tout. Si elle croit qu'après ça j'ai encore envie de partir en vacances avec elle... Et elle, comment voudrait-elle de ma compagnie avec l'opinion qu'elle a de moi?

— Tu commences à m'agacer, finit-il par exploser. Pourquoi faut-il que tu compliques tout? Pour une fois, essaie d'être un peu spontanée!

Visiblement, Harris n'a rien compris au fonctionnement de Laura : dans l'exposé de celle-ci, l'enchaînement des idées n'avait d'autre but que d'amener sa conclusion. Harris a cru à tort que cette dernière était implicite dès le départ. Associant l'énervement de sa femme à sa remarque sur le match manqué, il n'a vu dans son discours qu'un long développement sur le thème de son incapacité.

Voyons maintenant la réaction de Laura... À peine rentré, Harris lui annonce :

— On m'a proposé une mission pour le mois de juin et je pense l'accepter. Il faudrait qu'on parle un peu de cet été.

Laura est blessée dans son amour-propre :

— Quel égoïste tu fais ! s'exclame-t-elle. Tu aurais quand même pu m'en parler avant d'accepter ! Tu as songé à ta famille ? Mais non, il n'y a que ton travail qui compte. Va, tu serais plus heureux sans nous. Tu as oublié que les enfants sont en vacances en juin ? Même si ta décision est prise, tu aurais au moins pu me demander ce que j'en pensais...

Et c'est parti pour une longue dispute... Pourtant, Harris ne demandait pas mieux que de prendre en compte l'avis de son épouse. Mais celle-ci s'est sentie humiliée, ignorant combien il avait pu songer à elle et à leur famille. De son côté, si Harris reste ouvert à la discussion, il a tort de croire que c'est une évidence pour Laura.

POURQUOI LES HOMMES SEMBLENT ÉGOÏSTES

Une femme a beaucoup de mal à comprendre qu'un homme amoureux puisse d'une seconde à l'autre se transformer en un parfait égoïste. Ce genre de revirement lui étant étranger, elle le prend alors comme une injure.

C'est que l'homme a la faculté innée d'oublier tout ce qui ne mobilise pas son attention. Quand il souhaite faire plaisir à sa compagne, il se montre très empressé. Mais dès qu'il l'estime comblée, il consacre ses énergies à autre chose.

Le stress accentue encore cette tendance chez les hommes. Mais en dépit des apparences, leur introversion ne trahit pas toujours une nature narcissique ou égocentrique. Pour s'en convaincre, il n'est qu'à constater que les buts qu'ils poursuivent sont souvent très altruistes.

À l'inverse, la femme stressée se montre d'autant plus préoccupée par le sort de ceux qu'elle aime. Quand un homme rencontre des difficultés dans le cadre de son travail, il donne *l'impression* d'oublier jusqu'à l'existence des siens, alors que c'est justement le souci de leur bien-être qui l'incite à résoudre au mieux son problème. Dans les mêmes circonstances, une femme considérera d'abord les besoins des siens et fera au mieux pour les satisfaire.

Comme nous l'avons vu, la faculté de se concentrer sur un objectif unique participe de la force centripète qui anime l'homme. Or, une femme attend d'un homme amoureux qu'il s'extériorise comme elle le ferait. Il lui faut comprendre qu'un homme réagit en fonction de l'équilibre de ses tendances masculines et féminines, et non selon son degré d'attachement. Quand elle l'aura admis, loin de s'en irriter, elle s'attachera à regagner son attention quand elle s'estimera délaissée.

UN NÉCESSAIRE ÉQUILIBRE

Les énergies mâles et femelles cohabitent en chacun de nous, que nous soyons homme ou femme. La plupart des problèmes de couple découlent en fait d'un déséquilibre de ces forces.

L'homme dominé par sa tendance masculine (introversive) paraîtra égoïste et indifférent à son entourage quand en fait, il souffre de ne pouvoir accéder à son potentiel féminin – lequel le rendrait plus attentif aux besoins des autres.

De la même façon, la femme qui se laisse envahir par son énergie féminine cherche à se sacrifier pour les autres. À force de nier ainsi ses propres besoins, elle finit par ne plus savoir les exprimer ni les partager.

Pour éviter ces extrêmes, l'un et l'autre sexe ont intérêt à équilibrer leurs tendances opposées. Leurs relations y gagneront en qualité, ainsi que leur créativité propre.

Ce souci d'équilibre nous pousse tout naturellement à rechercher en l'autre des qualités complétant celles des nôtres que nous avons le plus développées. C'est là une des lois qui régissent la secrète alchimie de l'attirance entre les sexes.

C'est en acceptant ces différences que l'être réalise son unité. L'homme se féminise en conservant ses qualités viriles ; la femme se masculinise sans renoncer à sa féminité. Le respect de la différence est le moyen le plus sûr d'atteindre à l'équilibre.

LE MYSTÈRE DE L'ATTIRANCE

Rappelons-nous comment nous avons été conçus : l'homme est attiré vers la femme. L'ovule – immobile – attire à lui le spermatozoïde – mobile. La rencontre des deux marque le début d'une nouvelle existence.

Toute création est le produit de forces complémentaires. La vie étant une création permanente, nous sommes constamment attirés par – et attirons à nous – des forces susceptibles de compléter les nôtres.

L'alchimie opère dès qu'une personne décèle chez une autre une de ces qualités complémentaires. Les deux sont alors attirées l'une vers l'autre comme par un aimant. À l'intérieur de ce champ magnétique, une étincelle suffit à susciter l'attirance, le désir et la passion.

COMMENT ENTRETENIR LA PASSION

Lorsque deux partenaires montrent assez d'amour et de tolérance pour préserver leurs différences, ils ont toutes les chances de garder leur passion intacte. Mais s'ils deviennent trop semblables, la magie cesse d'opérer. Quoi de plus ennuyeux que de partager la vie d'un autre soi-même ? Le secret d'une passion durable consiste à conserver sa différence en intégrant peu à peu les qualités de l'autre.

Aux premiers temps d'une relation amoureuse, ce qui nous séduit chez le partenaire nous révèle en fait notre propre potentiel. Si c'est son caractère chaleureux qui nous attire, c'est que nous cachons en nous des trésors de chaleur humaine qui ne demandent qu'à se manifester.

Tom – un garçon flegmatique et insouciant – aime Jane – caractère vif et sensible. Ce qui l'attire en elle, ce sont ces mêmes qualités féminines qu'il a refoulées en lui. L'amour qu'il lui porte lui permet de balancer son insouciance naturelle par un surcroît d'affectivité.

Leurs relations lui procurent une sensation de plénitude immédiate. En aimant une femme dont la personnalité, quoique différente, reflète une partie de son moi caché, Tom connaît cet épanouissement que seule procure la passion.

Certains hommes sont attirés de préférence par des femmes aimantes, réceptives, vulnérables… Bref, hyperféminines. Ces hommes sont plutôt des « gagnants », entreprenants, raisonnables, sûrs d'eux. Le contact d'une femme douce éveille leur propre tendresse, sans les priver de leur force. Leur agressivité trouve son pendant dans la réceptivité de leur compagne, leur assurance dans sa vulnérabilité, leur soif de pouvoir dans sa faculté d'amour… Ce processus permet à l'un comme à l'autre de réaliser son unité.

Tel est le paradoxe de la passion : ce qui attire chez le partenaire, c'est sa différence. Mais c'est notre capacité à lui ressembler qui crée l'intimité. Pas d'attirance sans différence… Mais pas de communion sans ressemblance.

CE QUI TUE LE DÉSIR

Quand deux partenaires ne respectent pas leur différence, ils ne sont plus excités l'un par l'autre. Sans pôle magnétique, l'attraction n'opère plus.

Il est deux façons de tuer le désir : refouler son vrai moi pour complaire au partenaire ou tenter de couler celui-ci dans un moule.

Si on parvient à changer l'autre, on en retirera un profit à court terme mais c'en sera fini de la passion. Admettons que Tom dise à Jane :

— Tu es trop émotive. Tu te fais un monde de tout.

Si Jane refoule son hypersensibilité pour faire plaisir à Tom, dans un premier temps leur harmonie s'en trouvera confortée… Au détriment de leur attirance mutuelle.

À force de contraindre leur nature, ils finiront par perdre tout intérêt l'un pour l'autre. Peut-être resteront-ils bons amis mais leur passion sera morte. Toutefois, rassurez-vous : le processus est parfaitement réversible.

À chaque fois qu'un des deux partenaires va à l'encontre de ce qu'il est ou ressent dans l'espoir de récolter davantage d'amour, la passion s'estompe et l'amour dépérit.

Vouloir nier ce qu'on est pour être aimé dénote un manque d'amour pour soi. Tu n'es pas assez bien pour lui – ou elle : tel est le message que la personne s'adresse à elle-même. Quant à vouloir changer son partenaire, c'est lui faire savoir qu'on le juge indigne d'amour. Comment l'amour y survivrait-il ? Tenter de préserver la magie de la passion en se conformant ou en réformant l'autre ne peut que hâter sa fin.

SE CONFORMER OU RÉFORMER

À chaque fois qu'un homme et une femme sont attirés l'un par l'autre, il se produit une tension. Le fait d'entrer en relation, d'être ensemble, de se toucher, de faire l'amour permet une détente et entraîne une sensation d'euphorie, de paix, d'inspiration, de confiance ou de liberté.

Ces sentiments accompagnent l'émergence de nos qualités enfouies. Malheureusement, cela ne dure pas : pour que la plénitude s'installe, encore faut-il que ces qualités accèdent au stade conscient. Si on les combat, le plaisir s'évanouit et peut céder la place au malaise.

Prenons un exemple : au contact de Jane, Tom devient plus doux, plus prévenant. Au début, il s'en réjouit mais peu à peu, l'éducation reprend le dessus et il se dit :

— Un homme ne doit pas se conduire comme ça. Si ça continue, tu vas devenir une mauviette.

Cette réticence entraîne un tas de symptômes pénibles : Tom est mal à l'aise, il a tendance à déprimer, se sent oppressé, anxieux, vidé de son énergie.

Pour échapper à cet état, Tom est tenté de mettre un frein à ses relations avec Jane, soit en « réformant » sa partenaire, soit en « se conformant » et en cessant d'être lui-même. L'une et l'autre méthode lui procureront un répit mais à long terme, leur relation y perdra en intensité.

Il peut aussi changer de partenaire, entretenir une liaison cachée ou chercher l'apaisement dans l'usage d'une quelconque drogue… Dans tous les cas, il s'agira d'empêcher qu'émergent en lui les qualités qui l'ont de prime abord attiré chez elle.

« Réformer » consiste pour Tom à mettre la pression sur sa partenaire afin qu'elle pense et agisse comme lui. En cherchant ainsi à la contrôler, il ne parviendra qu'à lui faire mal et diminuer leur attirance mutuelle, et ce, sans même en avoir conscience.

Non que toute la faute lui en incombe : comme le dit l'adage, il faut être deux pour danser le tango. Confrontée à son propre malaise, Jane peut éprouver la tentation de nier sa personnalité.

En effet, les femmes attirées par des hommes de type « réformateur » sont aussi les plus promptes à se conformer à leurs exigences – au risque d'y sacrifier leur ego, croyant s'assurer leur amour et préserver leur entente.

Par exemple, quand Tom reproche à Jane son égoïsme, elle est la première à lui donner raison. S'il lui demande d'aimer les mêmes films que lui, elle passe sur ses propres goûts. S'il trouve qu'elle manque de réalisme ou se montre trop exigeante, elle refoule ses désirs et renie ses valeurs. Plus il s'efforce de la changer, plus elle cède à son emprise, se croyant alors plus digne de son amour.

À l'opposé, il arrive qu'un homme doté d'un fort potentiel « féminin » se soumette plus que de raison aux désirs de sa partenaire. Ce type d'hommes, dits « sensibles », se plaignent souvent de ce que les femmes ne voient en eux que de « bons copains », pas des objets de désir.

Les femmes qu'attirent ce type d'hommes sont plutôt de type « masculin » : indépendantes, sûres d'elles, elles apprécient de pouvoir dominer leur partenaire, mais celui-ci cesse vite de les intéresser.

— Ce qu'il me faut, pensent-elles, c'est un homme digne de ce nom.

En vérité, c'est moins leur partenaire qu'elles rejettent que leur propre féminité que celui-ci a contribué à faire resurgir.

Inversement, quand un homme sensible rejette une femme agressive, c'est qu'il a du mal à accepter sa propre virilité. Il prétendra alors rechercher une femme douce et vulnérable, quand il aurait d'abord intérêt à développer les traits masculins que sa partenaire a mis à jour en lui.

POURQUOI NOUS RÉSISTONS À NOS DIFFÉRENCES

L'étude de ce phénomène de résistance nous aidera à comprendre pourquoi l'homme et la femme donnent tant au début d'une relation, puis font machine arrière. Les premiers temps, chacun des partenaires tient à se montrer sous son meilleur aspect. Puis des réticences se font jour, suscitant l'envie de réformer ou se conformer. Quand nous aurons élucidé les causes profondes de cette résistance, nous aurons fait un grand pas dans la compréhension des relations humaines.

Il existe quatre causes principales de résistance, correspondant à quatre catégories de personnes :

1. *Le macho*
   (masculin résistant au féminin)

2. *La martyre*
   (féminin résistant au masculin)

3. *L'homme sensible*
   (masculin refoulé au profit du féminin)

4. *La femme indépendante*
   (féminin refoulé au profit du masculin)

Si certaines personnes sont tout d'un bloc, d'autres effectuent des aller-retour entre ces diverses catégories. Dans les paragraphes suivants, nous nous efforcerons d'analyser chacun de ces comportements types.

LE MACHO

Quand un macho est attiré par une femme, c'est que celle-ci incarne la féminité qu'il a refoulée en lui. Sa curiosité est en éveil, il se sent excité et entier. Mais cette proximité a aussi ses inconvénients : l'union avec la femme aimée facilitant l'émergence de ses traits féminins, il est fatal qu'il soit tenté de la rejeter. Imaginons que cet amour aiguise sa sensibilité, éveillant en lui un sentiment de vulnérabilité jusque-là inconnu. S'il associe ces manifestations à de la faiblesse, il est normal qu'il tente de leur résister.

Il se peut que ses a priori trouvent leur origine dans l'attitude paternelle : si son père avait pour habitude de dénigrer les émotions de sa mère, le petit garçon qu'il était aura inconsciemment refoulé sa propre fragilité. À moins que son père n'ait été du type introverti, lui inculquant l'idée qu'un homme ne devait pas pleurer ni montrer ses sentiments.

Quand, à l'âge adulte, notre macho tombe amoureux, le poids de cette éducation resurgit, freinant le processus d'intégration. À ce moment-là, il ne comprend pas ce qui lui arrive car tout se passe au niveau de l'inconscient. Il éprouve un malaise, une frustration qui l'amène à se montrer cassant, tyrannique, condescendant, impatient… À moins qu'il ne s'enferme dans sa coquille.

Ne sachant d'où vient son malaise, il l'impute à sa partenaire, projetant sur elle le jugement négatif qu'il porte sur sa propre part féminine. Il la repousse alors, s'efforce de la « corriger » ou déprécie systématiquement les sentiments et désirs qu'elle exprime.

Sans des ouvrages comme celui-ci, le macho mettrait sans doute très longtemps à prendre conscience de sa part féminine. Pour vaincre ses réticences et surmonter ses a priori, qu'il apprenne donc à écouter, respecter et comprendre les femmes et leurs valeurs. Avec un peu de patience, peut-être même parviendra-t-il à réviser son opinion sur sa mère. Car n'oubliez jamais ceci : avant de se permettre de juger une femme, un homme devrait essayer de marcher plusieurs kilomètres perché sur des talons aiguilles…

LA MARTYRE

Quand une « martyre » s'éprend d'un homme, elle y gagne en assurance, en force et en autonomie – autant de qualités typiquement « masculines ».

Mais si on lui a inculqué l'idée qu'une femme forte éloigne les hommes, elle bloquera inconsciemment le processus. Dès la petite enfance, elle aura entendu qu'une femme est faite pour rester chez elle et servir les hommes, qu'elle doit toujours se soumettre et éviter d'étaler son intelligence…

Cette vision de la femme sera d'autant mieux ancrée que sa mère lui aura donné le spectacle d'une martyre. Si papa avait l'habitude de traiter les garçons mieux que leur mère et leurs sœurs, elle aura intégré l'idée que sa place était à la maison, qu'elle devait comme maman se plier aux exigences de papa et que la réussite n'était pas le lot des filles.

Mais à l'âge adulte, sous l'effet de l'amour, ses traits masculins resurgissent. N'osant leur donner libre cours, elle surprotège l'homme qu'elle aime, à moins qu'elle ne l'abreuve de critiques et de preuves de défiance, cherchant à le manipuler et nourrissant de secrètes rancœurs à son égard quand en fait, c'est contre elle-même qu'elle lutte.

Pour vaincre sa résistance, la martyre doit impérativement devenir autonome. Surtout, elle doit s'habituer à demander de l'aide, et ne plus s'imaginer que son compagnon va devancer ses désirs comme elle le fait pour lui. Si le score est par trop inégal, elle en est autant responsable que lui. Aussi doit-elle lui pardonner et libérer son esprit de la rancœur accumulée. Une fois guérie, elle pourra alors travailler sur son passé et sur ses relations avec son père.

L'HOMME SENSIBLE

Quand un homme de ce type se rapproche d'une femme, ses traits masculins commencent à émerger. S'il considère l'agressivité comme une force destructrice et assimile l'assurance à de l'égoïsme, il tentera instinctivement de les refouler.

Ce conditionnement remonte à l'enfance : voyant son père faire mauvais usage de son agressivité, le jeune enfant a condamné les valeurs masculines en se rapprochant de sa mère. Son père lui est apparu comme un tyran égoïste. Si en plus celui-ci avançait des arguments pour justifier sa conduite, son fils s'est mis à redouter le pouvoir de l'intellect. De même, la souffrance de sa mère n'a pu qu'augmenter sa méfiance vis-à-vis de ses propres caractères masculins.

Ce type d'hommes est généralement attiré par des femmes chez qui ces caractères sont déjà bien développés. Là encore, l'union des contraires va susciter la passion, jusqu'à ce qu'un renversement s'opère et que l'homme projette son malaise sur sa partenaire. Il se révélera alors méfiant, critique, manipulateur et plein d'aigreur.

Pour vaincre sa résistance, l'homme sensible doit renoncer aux reproches et se tenir pour responsable de ce qui lui arrive. Il devra exercer sa logique et son esprit de décision sans trop faire appel à ses sentiments. Il devra s'exercer à épauler sa partenaire et surtout, veiller à toujours tenir parole.

Pour renforcer ses traits masculins, je lui conseille de rechercher la compagnie d'autres hommes, de voir des films d'action ou de pratiquer un sport de compétition. De même doit-il impérativement améliorer ses relations avec son père.

LA FEMME INDÉPENDANTE

Lorsqu'une femme de ce type se lie avec un homme aux traits féminins plus développés, sa propre féminité remonte à la surface en même temps qu'un certain nombre d'idées reçues : la douceur n'est qu'une forme de faiblesse, les gens trop sensibles souffrent d'un déséquilibre mental, il n'est jamais bon de dépendre des autres, etc. Dans son affolement, elle rejette alors son partenaire.

En dévoilant sa féminité, elle redoute de souffrir ou d'être mal jugée. Elle aspire alors à l'amour d'un homme plus viril qui la fasse se sentir « femme », quand c'est elle qui refuse de l'être. Cette attitude ne peut qu'aggraver son ressentiment contre son partenaire avec lequel elle se montre catégorique, autoritaire et exigeante.

Ce conditionnement trouve peut-être son origine dans l'exemple d'une mère dysfonctionnelle. À travers ce verre déformant, cette douceur, cette vulnérabilité qui font une bonne part du charme féminin lui ont paru impuissance et frustration. Pour éviter de ressembler à sa mère, elle a alors refoulé sa féminité. Si, de plus, son père n'affichait que mépris ou réprobation pour les humeurs maternelles, elle en a conclu que la sensibilité relevait de l'irrationnel et ne méritait aucun respect.

La femme indépendante ne doit pas craindre d'afficher ses faiblesses ; elle doit prendre l'habitude d'exprimer ses sentiments à chaque fois qu'elle s'y sent encouragée. Elle doit aussi régler ses comptes avec sa mère – c'est-à-dire considérer comme digne d'amour ce qui lui vient d'elle.

Dans son cas, la principale difficulté est d'apprendre à faire confiance aux autres. En effet, la confiance suppose qu'on baisse sa garde… au risque de prendre des coups. Au lieu de nier ses émotions, elle doit les laisser affleurer. À force, elle parviendra à surmonter la gêne que lui inspire son état de femme et appréciera celui-ci à l'égal de son caractère « masculin ».

Elle doit enfin s'avouer que même si elle se sent forte et indépendante, elle redoute de manquer d'amour. En s'ouvrant peu à peu, elle apprendra à assortir son côté masculin, déjà bien développé, avec une féminité en pleine émergence.

L'enfant est soumis à une foule d'influences qui l'amènent à privilégier ou rejeter tel ou tel aspect de son potentiel. Pour nous défaire de ce carcan, il n'est que d'approfondir notre connaissance de nous-mêmes : une fois admises et acceptées nos deux faces mâle et femelle, il nous sera plus facile de nous aimer et d'aimer l'autre. Alors seulement, nous serons libres d'être vraiment nous-mêmes.

COMMENT PRÉSERVER L'ATTIRANCE

Pour entretenir le miracle de l'amour, il convient de ne pas se renier ni de vouloir changer l'autre. Le fait de savoir que nos différences se complètent nous libère de la tentation de couler le partenaire dans un moule. Il nous permet aussi de nous accepter dans notre singularité, sans honte ni culpabilité.

La passion s'entretient d'elle-même quand on soutient l'autre dans ses efforts pour être et qu'on accepte l'aide qu'il vous apporte. Mais pour ça, encore faut-il l'aider selon ses besoins propres, sans renoncer à ce qu'on est. Pour qu'une relation soit satisfaisante, chacun doit s'exercer au respect des différences. C'est à cette condition que l'amour survivra aux inévitables phases de doute, de rejet et de ressentiment.

CHAPITRE 4

DEUX APPROCHES
DIFFÉRENTES DU MONDE

L'homme et la femme n'ont pas la même vision du monde, comme s'ils portaient des lunettes différentes. En général, l'homme a une vision « convergente » et la femme, une vision « rayonnante ».

L'homme constitue des séquences d'objets, jusqu'à créer une image complète. La femme, au contraire, embrasse d'un coup d'œil la totalité de l'image avant d'en découvrir les détails.

Cette différence décide en grande partie de leurs priorités et centres d'intérêt. La sensibilité propre de la femme fait qu'elle attache plus d'importance aux relations d'amour, de coopération et d'harmonie entre les êtres, quand l'homme privilégie la poursuite d'un objectif, la compétition, la logique et l'efficacité.

SENSIBILITÉ RAYONNANTE
OU CONVERGENTE

La sensibilité convergente peut se concevoir comme une spirale s'enroulant autour d'un axe, ou comme une flèche pointée vers le cœur d'une cible. Son opposé figure une spirale rayonnant à partir d'un centre, ou une antenne parabolique qui capte et renvoie des signaux aux quatre coins du monde. Celle-ci évoque un projecteur, celle-là un faisceau laser. Chacune véhicule ses propres valeurs, comme nous le prouvent des exemples tirés du quotidien.

LOUVETEAUX ET JEANNETTES

Étant plus tournée vers le futur, la femme est naturellement soucieuse de tout ce qui peut lui arriver. À l'inverse, l'homme se préoccupe d'abord de son objectif. Quand l'homme ne songe qu'à atteindre sa destination, la femme pense déjà à la suite.

Pour s'en convaincre, il suffit d'observer deux patrouilles de louveteaux et de jeannettes : quand les premiers sont occupés à tracer l'itinéraire pour aller d'un point A à un point B, les secondes réunissent les provisions pour le pique-nique qu'elles organiseront une fois rendues.

Au moment d'atteindre le point B, un des louveteaux se tourne vers les autres et demande :

— Qui s'est chargé des provisions ?

— Je n'en sais rien, lui répond-on. J'ai oublié. Je croyais que c'était toi qui t'en occupais.

C'est pour pallier leur vision trop courte que les louveteaux répètent à longueur de journée leur devise : « Toujours prêts ! » Celle-ci est même cousue sur leur uniforme. En effet, pour mûrir, les petits garçons doivent s'entraîner à être toujours prêts.

Les petites filles, elles, n'ont pas besoin d'entraînement. Tel un radar, leur sensibilité rayonnante leur signale les obstacles qui pourraient se dresser sur leur route.

Mais à vouloir parer à toute éventualité, nos jeannettes risquent fort d'arriver en retard ou de renoncer à leur excursion si elles jugent celle-ci trop risquée. Il est beaucoup plus facile de se montrer courageux quand on n'a pas conscience des possibles conséquences de ses actes.

PORTEFEUILLES ET SACS À MAIN

Rien de tel que de comparer un sac à main de femme à un portefeuille d'homme pour mesurer leur différence d'approche du monde. Une femme fait suivre partout son gros et lourd sac à main de couleur vive, quand l'homme n'a qu'un portefeuille noir ou brun contenant l'indispensable : permis de conduire, cartes de crédit, argent liquide. Personne – pas même elle – ne saurait dire ce qu'une femme transporte dans son sac. Ce qui est sûr, c'est qu'il contient tout le nécessaire pour elle et pour les autres.

Quand on l'ouvre, on commence par découvrir toute une collection de boîtes et autres pochettes, comme si elle trimballait en permanence son bureau et sa pharmacie. Citons en vrac : un porte-monnaie, un porte-cartes, une trousse de maquillage, un miroir de poche, un agenda, un chéquier, une calculatrice, un second nécessaire à maquillage – plus petit – avec miroir, un peigne et une brosse à cheveux, un carnet d'adresses plus un second réservé aux vieux amis, deux étuis à lunettes – une paire pour la vision, une autre pour le soleil – des mouchoirs en papier, des tampons hygiéniques, des préservatifs ou un diaphragme, trois trousseaux de clés (le sien, celui de son mari et un autre en cas de perte), une brosse à dents avec du dentifrice, un tube d'aspirine, un autre de vitamines, deux ou trois limes à ongles, quatre ou cinq crayons et stylos, plusieurs petits blocs de papier, une pellicule photo vierge plus un boîtier vide, un lot de cartes de visite (celles des amis et des spécialistes en tout), les photos de ceux qu'elle aime, de la pommade pour les lèvres, des sachets de thé, une enveloppe pleine de recettes de cuisine, un tas de lettres et cartes postales, des timbres, les factures en souffrance, sans compter les trombones, élastiques, pinces à cheveux, chewing-gums, fruits secs, coupons-réclame, pastilles de menthe et détritus en tous genres (elle les jettera, c'est promis... l'été prochain). Bref, de quoi parer à toute éventualité !

Pour une femme, son sac représente bien plus que cela : un ami dévoué, un objet transitionnel, une part essentielle d'elle-même. Pour évaluer le degré de rayonnement d'une femme, il n'est qu'à voir la taille de son sac.

Mais paradoxalement, lorsqu'elle se rend à un bal ou à une soirée, elle n'emporte qu'une minuscule pochette contenant le strict nécessaire. Alors, elle a un homme pour prendre soin d'elle. Aussi n'a-t-elle plus besoin de la présence rassurante de son sac.

LA FAÇON D'ENTRER DANS UNE PIÈCE

L'homme et la femme n'ont pas la même façon d'entrer dans une pièce. Sitôt franchi le seuil, l'homme se rend directement à l'endroit qu'il a repéré en entrant. De là, il découvre une chose, puis une autre, jusqu'à reconstituer son environnement (cela en quelques secondes).

La femme, au contraire, embrasse toute la pièce du regard. Elle remarque la couleur des murs, les têtes connues ou pas, la disposition des meubles... Alors seulement, elle décide de l'endroit où elle va se rendre.

Cette différence de comportement est particulièrement flagrante à l'entrée d'une salle de congrès ou d'exposition. Vous observerez que l'homme se déplace très méthodiquement d'une vitrine à l'autre. La femme, elle, papillonne. Ses déplacements obéissent à une logique d'exploration quand ceux de l'homme servent un but précis.

Il concentre son attention sur ce qui, dans chaque vitrine, lui paraît le plus digne d'intérêt. Elle songe d'abord à prendre du bon temps, curieuse de tout et toujours prête à rapporter quelque chose chez elle : la femme est une acheteuse et une collectionneuse dans l'âme.

Le lèche-vitrines sans but précis est pour elle un moyen de détente et pour l'homme, une épreuve harassante. À l'inverse, ce dernier trouve une motivation dans la quête d'un objet précis. Cela étant posé, observons à présent leurs comportements respectifs dans une galerie marchande ou un magasin...

LE SHOPPING

L'homme a besoin d'un objectif pour le stimuler. La femme, au contraire, s'épuise à rester trop longtemps concentrée, surtout dans un environnement animé. C'est pour cette raison que les femmes prennent plus de plaisir que leurs compagnons au shopping.

Dans un magasin, les multiples sollicitations dont elle est l'objet comblent son besoin d'expansion tout en la recentrant sur elle-même et ceux qu'elle aime. Une robe attire son attention. Elle imagine dans quelles circonstances elle pourrait la mettre, l'essaie, s'extasie sur sa beauté puis la remet en rayon, pleinement satisfaite.

Un homme ne tient pas plus d'une demi-heure à ce régime. La femme, elle, sort apaisée et comme régénérée de plusieurs heures de shopping. Cette différence n'est pas près de disparaître : vous remarquerez que de nos jours, la plupart des boutiques proposent des chaises aux messieurs accompagnant leurs clientes...

Les courses aux supermarchés révèlent un autre type de différence. La femme fait la chasse aux coupons-réclame et aux promo-

tions. Si l'homme ne dédaigne pas une affaire, il aime mieux gagner l'argent que l'économiser. Quand l'un cherche à atteindre un
objectif, l'autre se soucie de préserver ses acquis. De son propre
chef, il ne viendrait jamais à l'idée d'un homme de se présenter à
la caisse muni d'une liasse de coupons de réduction. Quand il entre
dans un magasin, c'est pour acheter de quoi manger. Quand il se
trouve sur son lieu de travail, c'est pour gagner sa vie.

AU TÉLÉPHONE ET EN VOITURE

Un homme déteste être dérangé quand il est au téléphone. Sa réaction laisse souvent sa femme perplexe quand celle-ci a le malheur
de lui adresser alors la parole. C'est qu'elle oublie qu'un homme a
du mal à courir deux lièvres à la fois.

L'homme aime à se concentrer sur un objet unique ; si on le
distrait, il perd sa cible de vue. À l'inverse, une femme est capable
de répondre au téléphone tout en surveillant la cuisson du dîner et
en consolant le petit dernier, le tout sans perdre le fil de la conversation. Bien sûr, l'homme pourrait s'exercer à faire plusieurs choses
à la fois mais son instinct lui commande de n'en faire qu'une.

Cette différence se retrouve en voiture. Mesdames, n'essayez
jamais d'avoir une conversation sérieuse avec un homme pendant
qu'il tient le volant. S'il vous paraît distrait, ce n'est pas qu'il soit
indifférent mais qu'il est trop concentré pour vous prêter l'oreille.
À cause de ce malentendu, nombre de couples vivent les trajets en
voiture comme une épreuve de force. Les conversations les plus
anodines virent à la dispute et les vacances, au désastre.

Ces quelques exemples tirés du quotidien, pour simplistes
qu'ils puissent paraître, n'en constituent pas moins une bonne base
pour résoudre la plupart des problèmes de communication entre
sexes.

COMMENT ATTIRER L'ATTENTION
D'UN HOMME

Sachant qu'un homme ne peut se concentrer que sur un objet à la
fois, sa compagne évitera autant que faire se peut de le distraire. Si
elle doit absolument l'interrompre, elle veillera à lui laisser le
temps de déplacer son attention. Par exemple, elle dira :

— Chéri, je sais que tu es occupé mais j'aurais besoin de ton aide. Tu veux bien m'accorder une minute ?

Et s'il est en train de regarder la télé :

— J'ai quelque chose à te demander. Tu me diras quand je peux le faire ?

S'il répond :

— Je t'écoute, sans éteindre la télé, c'est qu'il n'a lui-même pas conscience des limites de son attention.

Dans ce cas, montrez-vous plus sage que lui : cela vous évitera d'avoir à lui reprocher plus tard de ne pas vous avoir écoutée…

UN HOMME ABSENT
EST UN HOMME STRESSÉ

Le stress tend à accentuer les différences étudiées plus haut, ce qui donne lieu à bien des méprises. Par exemple, quand un homme rencontre des difficultés dans son travail, il a le plus grand mal à relâcher la pression une fois rentré chez lui. Il semble préoccupé, absent. Si on lui adresse la parole, il est capable de se plonger dans un magazine plutôt que de répondre. S'il fait ça, ce n'est pas pour être désagréable ni pour vous signifier que vous lui êtes indifférente. Il cherche plutôt à détourner son esprit de ce que vous avez à lui dire parce qu'il est toujours focalisé sur ses autres problèmes. Dans ce cas, demandez-lui poliment de vous écouter. S'il vous semble distrait, cessez de parler jusqu'à ce qu'il le remarque.

De son côté, il finira par comprendre qu'il ne répond pas à votre attente en ne vous écoutant que d'une oreille. En faisant le choix de vous entendre, il apprendra à déplacer son attention pour mieux vous l'accorder.

Messieurs, prenez donc l'habitude de poser votre journal ou d'éteindre la télé lorsqu'on vous parle. Ces gestes simples vous aideront à vous libérer de vos soucis pour accorder plus d'attention à votre couple ou votre famille. Si vous avez des enfants, n'oubliez pas qu'eux aussi ont besoin qu'on les écoute.

QUAND ELLE SE PLAINT D'ÊTRE DÉBORDÉE…

Sa sensibilité « rayonnante » expose la femme à se laisser déborder par les demandes des autres. Elle devient incapable d'établir des priorités, augmentant encore ainsi son fardeau. Elle se croit tenue de « tout » faire, ce qui est bien évidemment impossible.

Faute de le comprendre, l'homme réagit souvent mal à ce sentiment d'impuissance. Croyant qu'elle l'en tient pour responsable, il se défend en lui reprochant de « se faire une montagne de tout ».

Qu'il se mette dans la tête que lorsqu'une femme se plaint d'être débordée, ce n'est pas forcément un reproche de sa part. Simplement, elle cherche à se soulager en lui faisant part de ses problèmes. Dans ces moments-là, elle a surtout besoin qu'on l'écoute mais ça, la plupart des hommes l'ignorent. Aussi tentent-ils de réconforter leur partenaire en lui expliquant qu'elle n'a aucune raison de se mettre dans cet état ou en suggérant des solutions, ce qui n'arrange rien.

Prenons un exemple. Un après-midi, alors qu'il s'apprête à sortir, Tom lance à Jane :

— Pourrais-tu aller chercher mon costume au pressing ? Je suis un peu en retard…

Jane réplique d'un ton exaspéré :

— Comme si je n'avais que ça à faire ! Je dois aller chercher Mary à l'école, passer à la banque, rapporter les livres de Timmy à la bibliothèque, faire les courses pour le dîner et rentrer à temps pour ma séance de gym. Je crois que je n'y arriverai jamais. Notre compte est presque à sec et les factures s'amoncellent. Avec ça, il faut encore que je joue les standardistes pour toi…

Agacé, Tom lui coupe la parole :

— Ça va, ça va… J'irai moi-même.

Là-dessus, il croit l'incident clos. Il sort alors d'un air pincé, songeant :

— Pourquoi n'a-t-elle pas tout simplement dit non, au lieu de me bassiner avec son emploi du temps ? Elle croit peut-être que je vais me sentir coupable ? Ce n'est quand même pas moi qui l'oblige à faire tout ça ! J'en ai assez de son discours moralisateur : « C'est moi qui fais tourner la baraque pendant que tu te roules les pouces… » Ce n'est pas parce que je ne me plains pas que je ne fais rien.

Tom a seulement jeté de l'huile sur le feu, quand il croyait faire montre de bonne volonté en retirant sa requête. De son côté, Jane trouve qu'il prend son désarroi trop à la légère et elle se sent bien mal soutenue dans ses efforts.

Si Tom a été agacé par la réaction de Jane, c'est pour une tout autre raison : il a cru qu'elle jugeait sa requête disproportionnée au point de faire déborder le vase. Tom ne lui en veut pas de s'être mise en colère, mais il est furieux d'être tenu pour responsable du mal-être de sa femme.

Là encore, il se trompe : Jane ne cherche pas un coupable, mais une oreille compatissante. La requête de Tom lui a simplement fourni l'occasion d'exprimer son malaise.

Résultat de ce double malentendu : Jane se sent non seulement débordée mais encore incomprise. Pour ne rien arranger, Tom est parti fâché alors que tout allait bien jusque-là. Malgré tout leur amour et leur bonne volonté, ils n'ont pu éviter de se heurter.

DES REMÈDES APPROPRIÉS

L'homme et la femme emploient des moyens différents pour soulager leurs tensions. Quand elle a besoin de parler et d'être écoutée, lui préfère se concentrer sur le problème qui lui paraît essentiel afin de dresser un plan d'action.

Voyons maintenant ce qui se produit quand une femme tente de s'exprimer mais que son partenaire l'interrompt sans cesse pour lui proposer des solutions...

IL LA RABAISSE...

Un matin, Mary tente de remettre la main sur le formulaire pour inscrire ses enfants à la piscine locale. Comme elle cherche, il lui vient à l'esprit qu'ils n'ont peut-être pas les moyens de régler les adhésions en ce moment. Si elle paie à l'avance, ses enfants seront sûrs d'y aller alors que si elle attend, ils pourraient se voir refuser l'entrée faute de place. En épluchant le courrier, elle découvre un débit de 1400 $ sur leur carte Visa qui la conforte dans ses doutes.

En rentrant, son mari Bill la trouve carrément sur les nerfs :

— On a reçu aujourd'hui le débit de la carte Visa. Il y en a pour 1400 $. Je ne sais pas comment on va faire.

— On se débrouillera, lui dit-il. Au besoin, on paiera plus tard.

Bill la croit maintenant rassérénée, mais c'est méconnaître la véritable cause de son inquiétude...

— Il y aussi la carte American Express, reprend Mary, sans compter l'emprunt pour la maison…

— Ne t'en fais pas pour ça, réplique Bill d'un ton impatient. On a encore dix jours pour payer.

Se sentant quelque peu agressé, il songe :

— Qu'est-ce qu'elle cherche à me dire ? Que je dépense trop ou que je ne gagne pas assez ? Elle n'est pas la dernière à puiser sur le compte en banque !

Ce qu'il ignore, c'est que Mary n'a abordé la question financière que pour se rassurer avant de régler les adhésions. À ses oreilles, « ne t'en fais pas pour ça » sonne comme un reproche, quand Bill cherchait juste à la soulager en lui proposant des solutions. Le pauvre n'a pas compris que son attitude ne faisait qu'augmenter son malaise.

Mary n'a pas envie de s'entendre dire qu'elle s'inquiète pour rien. Pour elle, cela équivaut à se faire traiter de folle ou d'incapable. Tout ce qu'elle voulait, c'était faire partager ses soucis à Bill. Quoiqu'il la rabroue, elle persiste dans ses efforts :

— Tu te rappelles qu'on a promis aux enfants de les amener à Disney World l'été prochain ?

— Je sais, je sais, répond Bill, de plus en plus agacé. On ira.

S'il a bien perçu sa détresse, il se méprend sur son origine :

— Voilà qu'elle m'accuse d'être un mauvais père ! pense-t-il. Est-ce que j'ai l'habitude de manquer à ma parole quand je promets un truc aux gosses ?

Là encore, il fait fausse route : Mary ne met pas en doute son amour paternel, elle s'inquiète simplement de leur situation financière et souhaiterait être entendue :

— On n'a même pas fini de payer l'hospitalisation de Laurie !

Bill prend son insistance comme un affront :

— Écoute, je t'ai déjà dit que j'attendais une prime pour la fin du mois. Alors, arrête de te faire du mauvais sang.

— Et si tu ne l'as pas ? rétorque Mary.

— Mais cesse donc de t'inquiéter…

— Et puis, tu as promis à tes parents qu'on irait les voir. Quand penses-tu le faire ?

— Fiche-moi la paix, tu veux ? explose Bill.

Cette fois, il a vraiment l'impression d'être soumis à un interrogatoire policier. Mais Mary n'a pas l'intention de lâcher prise :

— Dans deux mois, on aura les impôts à payer. Tu y as pensé ?

— Bien sûr que oui, j'y ai pensé! se défend-il.

À part soi, il ronchonne :

— Elle me croit idiot, ou quoi?

— J'espère qu'on pourra quand même envoyer les gosses à la piscine cet été, reprend Mary. Seulement, je crains d'avoir égaré le formulaire. Tu ne l'aurais pas vu?

— Non, je ne l'ai pas vu! s'emporte Bill. Mais si on est fauchés, pourquoi aller encore dépenser de l'argent?

Bilan : Mary est blessée dans son amour-propre et Bill ne veut plus lui adresser la parole... Voilà comment une conversation somme toute banale dégénère en dispute.

Bill aurait-il compris que Mary avait besoin de parler un moment pour soulager ses nerfs, il aurait été moins pressé d'identifier et résoudre son problème. Les choses auraient pu se passer tout autrement :

Mary : On a reçu le débit de la carte Visa. Il y en a pour 1400 $. Je ne sais pas comment on va faire.

Bill : En effet, ça fait beaucoup (Je me demande si c'est bien cela qui la préoccupe? En tout cas, on dirait qu'elle a besoin de parler. Je vais m'efforcer de l'écouter sans l'interrompre).

Mary : Il faut encore payer la carte American Express et le prêt pour la maison.

Bill : Tu as raison. (C'est donc l'état de nos finances qui lui donne du souci. Surtout, s'abstenir de commentaires et prendre la température de ses états d'âme.)

Mary : On a promis aux gosses de les emmener à Disney World l'été prochain, tu te rappelles? Avec ça, on n'a pas fini de payer l'hospitalisation de Laurie.

Bill : C'est vrai.

Mary : Que se passera-t-il si on ne te verse pas ta prime?

Bill : On risque d'avoir des problèmes.

Dans ses réponses, Bill veille à ne pas minimiser l'inquiétude de Mary. Il pourrait la rabrouer – « Allons donc! Tu te fais toujours un monde de tout. » – ou jouer les Monsieur Bons Offices – « Si on ne me la verse pas ce mois-ci, ce sera le mois prochain. Les factures attendront bien jusque-là », mais l'expérience lui a appris à n'en rien faire.

Mary : Dans deux mois, on aura les impôts à payer. Tu y as pensé?

Bill : Ça fait une somme, je sais.

Bill laisse Mary vider son sac, sachant que c'est l'attitude la plus à même de la rasséréner. C'est alors qu'elle remarque :

— J'espère qu'on pourra quand même envoyer les gosses à la piscine cet été. Seulement, je crains d'avoir égaré le formulaire. Tu ne l'aurais pas vu ?

— Nnnnon, je ne crois pas, répond Bill, réfléchissant.

Mary : Crois-tu que je doive régler l'adhésion tout de suite ou plus tard ?

— Peut-être ferait-on mieux d'attendre que j'aie touché ma prime ? Il en sera encore temps à ce moment-là.

Dans sa réponse, Bill a soin de ne pas paraître trop affirmatif. D'un côté, il se dit qu'une adhésion à la piscine n'est pas une grosse dépense. De l'autre, après avoir pris la mesure de l'anxiété de sa femme, il juge plus sage d'attendre.

Mary : En effet, je crois que tu as raison. Merci de m'avoir écoutée, ajoute-t-elle en l'embrassant. C'est bon de se sentir comprise. Comme je t'aime !

— Mission accomplie ! songe alors Bill.

Certes, mais l'écoute est un art difficile qui demande un long apprentissage, de même que la parole. Mary aussi devrait s'y exercer, pour éviter de froisser Bill quand il tente de lui parler.

...ELLE LE FROISSE

Les femmes tendent à « faire la morale » à leurs époux quand ceux-ci leur font part de leurs soucis. Un ou deux commentaires désagréables et monsieur se renferme dans son mutisme, sans que madame sache en quoi elle a pu l'offenser. Voyons quatre exemples types :

Bill et Mary :
Bill est soucieux : il s'est endetté pour réaliser des travaux dans leur maison et maintenant, il se demande comment il va payer ses impôts. Il annonce, l'air abattu :

— Je ne sais pas comment on va payer les impôts cette année.

Mary réplique : Je t'avais bien dit que ces travaux nous coûtaient les yeux de la tête !

Bill s'abîme dans un silence dont plus rien ne pourra le tirer. Mary est malheureuse, ignorant en quoi elle a pu le blesser.

Si Bill avait été en forme, sans doute aurait-il réagi autrement. Mais accablé comme il l'est, il a cru déceler une accusation dans l'allusion de Mary.

— C'est tout ce qu'elle trouve à me dire? pense-t-il. Que ces travaux nous aient coûté cher, je le savais. Merci, je ne suis pas idiot! Mais c'est pour tout le monde pareil, non? Je déteste qu'elle me parle comme à un gosse. C'est la dernière fois que j'essaie de lui confier mes problèmes. Si elle se contentait d'écouter… Mais non, il faut toujours qu'elle critique.

Joe et Martha :
Soucieux des mauvais résultats de son entreprise, Joe rentre du bureau d'humeur maussade et taciturne.

— Qu'est-ce qui se passe? lui demande Martha.

— On n'a pas rempli notre quota de ventes ce mois-ci, répond Joe d'un ton abattu.

— Tu sais, tout le monde a des hauts et des bas. L'essentiel, c'est de prévoir les passes difficiles.

Joe est agacé. Il pense à part soi :

— Je ne lui ai pas demandé de me faire un cours de gestion d'entreprise! Elle me prend pour un débutant?

Tout ce que Joe attend de Martha, c'est qu'elle l'écoute sans lui donner des conseils qu'il juge déplacés.

Même les tentatives d'explications peuvent se retourner contre celle qui les émet, comme le démontre l'exemple suivant :

Steve et Janet :
Steve rentre du bureau visiblement tendu et énervé.

— Qu'est-ce qui se passe? demande Janet, espérant l'apaiser.

— Oh! rien, répond-il. C'est juste que ma secrétaire me donne un mal de chien. Il faut toujours qu'elle discute mes instructions et ça finit par me rendre fou.

Si Janet comprend l'agacement de son mari, elle conçoit également que sa secrétaire puisse se heurter avec lui à l'occasion. Elle estime qu'il vivrait mieux la situation s'il se mettait à sa place. Elle n'a pas tort, mais le moment est mal choisi pour une telle démonstration : tout ce que Steve attend, c'est qu'elle se range à son point de vue.

Janet suggère, pleine de bonne volonté :

— Tu sais, je crois qu'elle accepterait mieux tes ordres si tu prenais le temps de les lui expliquer. C'est à peine si tu lui adresses un mot de temps en temps.

Steve se sent trahi :

— Comment ose-t-elle prendre le parti de ma secrétaire ? songe-t-il. Elle trouve que je ne lui parle pas assez ? Mais je ne fais que ça ! C'est elle qui ne m'écoute pas. J'avais bien assez d'une enquiquineuse au bureau ; il fallait que ma propre femme se dresse contre moi !

Voyons encore quel type de remarques risque de rebuter un homme :

Rick et Sharron :

Rick emmène sa femme Sharron dîner dans un restaurant chic. Ils doivent attendre qu'une table se libère. Le temps passant, Rick sent l'impatience le gagner. À plusieurs reprises, il apostrophe le maître d'hôtel afin qu'il active le mouvement. Plusieurs groupes fraîchement arrivés obtiennent une table alors qu'ils attendent toujours. Rick a beau comprendre que les autres ont réservé (ce qui n'est pas son cas), cela ne fait qu'augmenter sa fureur.

— Qu'est-ce que le service peut être lent, grommelle-t-il entre ses dents.

C'est alors que Sharron prononce justement les paroles qu'il ne fallait pas :

— Peut-être aurait-on moins attendu si tu avais réservé…

Un éclair de rage passe alors dans les yeux de Rick.

— Ça m'étonnerait ! aboie-t-il.

En vérité, Rick est furieux contre lui. Après avoir reporté sa colère sur le restaurant, le voici qui s'en prend à Sharron.

— Quelle remarque idiote ! pense-t-il. Puisqu'elle est si maligne, la prochaine fois, c'est elle qui s'occupera de tout. Quel besoin a-t-elle de toujours m'enfoncer ? Je sais que j'ai eu tort de ne pas réserver. Comme si je pouvais tout prévoir !

Rick espérait que Sharron acquiescerait (« C'est vrai, ils sont lents. »), au lieu de sauter sur l'occasion de lui en remontrer. Sa remarque visait à le responsabiliser en lui indiquant le moyen de ne plus attendre à l'avenir. Mais ce rappel d'une évidence n'a réussi qu'à l'exaspérer.

Dans chaque exemple, nous avons vu un homme solliciter l'appui affectif de sa partenaire, puis repousser l'aide ou les conseils qu'il n'avait pas demandés : quand l'un espérait un soutien passif, l'autre s'était mise en devoir de le faire progresser.

C'est là une erreur fréquente pour une femme : la part fémi-nine de l'homme le pousse à vouloir se confier de temps en temps, mais il suffit alors d'un rien pour le rebuter. Si cela se reproduit trop souvent, il renoncera tout à fait à dialoguer.

QUAND L'HOMME SOLLICITE UN AVIS

Quand un homme a examiné un problème sous tous les angles sans trouver de solution, il arrive qu'il le soumette à sa compagne. Mais même alors, les tentatives d'aide de celle-ci peuvent être mal perçues. Après lui avoir exposé le problème, il dira quelque chose comme : « Qu'en penses-tu ? », indiquant par là qu'il sollicite un avis. Un interlocuteur mâle lui suggérerait alors quelque moyen simple – du reste, c'est ce qu'il attend.

Une femme, elle, lui fera la morale (ce qui le fera fuir) ou l'entraînera sur un plan plus général (ce qui l'agacera).

Une femme, par principe, a une approche féminine des pro-blèmes. Confrontée à l'un d'eux, elle remonte à sa source, voit com-ment on aurait pu l'éviter ou le grossit en dépeignant la manière dont il l'affecte – toutes attitudes propres à décourager un homme.

Elle peut aussi le rebuter en tentant de le confesser ou en l'étouffant sous un excès de compassion. Quand un homme de-mande : « Qu'en penses-tu ? », il recherche moins la sollicitude qu'une solution concrète.

Revenons à présent sur nos exemples :

Bill et Mary :
Bill déclare :
— Je ne sais pas comment on va faire pour payer les impôts. Je n'ai pas eu la prime que j'attendais et d'autre part, les travaux que nous avons faits dans la maison ont coûté plus cher que prévu. On pourrait revoir notre budget vacances à la baisse ou prendre une hypothèque sur la maison. Qu'en penses-tu ?

Mary : Si seulement on n'avait pas tant dépensé pour cette maison ! Henry nous avait prévenus que ça allait nous coûter les yeux de la tête.

— Tout ça, il y a longtemps que je le sais, pense-t-il. Avec elle, il n'y a jamais moyen de discuter !

Bill attendait de Mary une réaction du style : « Je crois qu'il vaudrait mieux revoir nos projets pour cet été plutôt que de nous endetter encore. » Ou : « Je ne sais quoi te dire. Ne pourrait-on envisager autre chose ? » À moins qu'elle n'ait une solution de rechange : « Et si on vendait plutôt le bateau ? Rappelle-toi, on en a déjà parlé. »

En bref, Bill a consulté Mary pour qu'elle se concentre sur leur problème et l'aide à le résoudre, non pour qu'elle se répande sur ses causes.

Voyons un autre exemple :

Joe et Martha :
Joe rentre chez lui furieux et perplexe, se demandant pourquoi il n'a pas atteint son quota de ventes.

— Je ne sais pas ce qui se passe, dit-il à Martha. Je croyais faire un excellent mois et je n'ai même pas atteint mon quota. À ton avis, ça vient de quoi ?

Martha : Tu aurais dû le prévoir: tout le monde connaît des hauts et des bas. On devrait se constituer une réserve d'argent pour faire face aux passes difficiles.

Au lieu de répondre à la question posée, Martha a soulevé un autre problème, plus essentiel à ses yeux.

Joe attendait d'elle une réponse précise, du genre : « Il est possible que ta nouvelle gamme de produits ait pris tes acheteurs de court. » Ou : « Vraiment, je ne comprends pas. Tu vends d'excellents produits et tu ne ménages pas ta peine. C'est sans doute une question de conjoncture. » Ou encore : « J'ai lu hier un article qui disait qu'on entrait dans une période de récession. Ce doit être ça l'explication. »

Pour aider convenablement son mari, Martha doit axer sa réponse sur le problème qu'il lui a soumis. Mais même ainsi, un malentendu demeure possible.

Steve et Janet :
Rentrant du bureau, Steve déclare à sa femme :

— Phyllis (sa secrétaire) m'a encore donné un mal de chien. Il faut toujours qu'elle discute mes instructions et ça finit par me rendre fou. À ton avis, qu'est-ce que je dois faire ?

Janet : Tu devrais te montrer plus ouvert avec elle. Tu ne prends jamais le temps de lui parler. Si tu la comprenais mieux, je suis sûre qu'elle te donnerait moins de mal.

Steve est blessé dans sa fierté, comme si Janet mettait ses compétences en doute.

— C'est bien la dernière fois que je te demande ton avis, songe-t-il. Moi, je n'écoute pas ma secrétaire ? Traite-moi aussi de brute, tant que tu y es…

Le conseil de Janet était bon, mais sa façon de le formuler a braqué son mari contre elle. Au lieu de l'aider à résoudre son problème, elle lui a dit comment il aurait pu l'éviter. Lui aurait-elle indiqué une solution pratique – au lieu d'insister sur ses torts – que Steve aurait mieux accueilli sa suggestion.

Elle aurait pu dire :

— Je crois que tu devrais avoir une discussion franche avec elle. Si tu prends le temps de l'écouter, je suis sûre qu'elle en fera autant de son côté.

Quand un homme quête un avis ou un conseil, il n'a que faire des paroles de réconfort, comme nous le prouve l'exemple suivant :

Rick et Sharron :
Retrouvons Rick et Sharron alors qu'ils attendent une table pour dîner. Rick demande :

— C'est fou comme le service est lent ici. Et si on allait voir ailleurs ? Qu'en dis-tu ?

— Après la journée que tu as eue, répond Sharron, je comprends que tu ne veuilles pas attendre. Tu dois être affamé. As-tu déjeuné, au moins ?

Au lieu de répondre à Rick, Sharron a tenté de se mettre au diapason de ses sentiments – comme elle apprécierait qu'il le fasse pour elle dans la même situation.

Mais Rick n'en est que plus furieux : pour le coup, il a l'impression qu'elle le traite comme un enfant.

— Arrête de me materner, rouspète-t-il à part soi. Qu'est-ce que ça peut te faire, si j'ai déjeuné ou non ?

Rick n'a pas envie d'être consolé, mais qu'on réponde à sa question.

Sharron aurait pu dire : « Bah! Depuis le temps qu'on est là, on peut bien attendre encore un peu. » Ou : « Restons mais demandons la carte. Comme ça, sitôt installés, on n'aura plus qu'à commander. » Ou alors : « Bonne idée. Si on essayait ce restaurant qui vient d'ouvrir en bordure de l'autoroute ? »

L'une ou l'autre réponse lui aurait convenu car elles concernaient son problème, non ses sentiments.

Grâce à tous ces exemples, nous voyons mieux à présent comment on peut créer des tensions et des conflits en s'efforçant d'aider l'autre ou de le soulager.

LA FEMME RECHERCHE L'ÉCHANGE ET L'HOMME, DES SOLUTIONS

Quand un homme rencontre une difficulté, sa première réaction est de se retirer dans sa « grotte » pour chercher une solution ou mettre au point un plan d'action. S'il trouve, il se sent tout de suite mieux. Sinon, il ressort de sa grotte pour faire part de son problème à un homme qu'il respecte, dans l'espoir qu'il lui en fournira la clé.

Cela explique que lorsqu'une femme se confie à lui, il la croit en quête de solutions. Il n'a pas moyen de deviner qu'en fait, elle a juste besoin d'être écoutée. Aussi croit-il l'aider en lui proposant des solutions, au risque de l'agacer.

Une femme n'a qu'à mettre des mots sur ses problèmes pour se sentir aussitôt soulagée, même si cela ne résout rien. À l'écouter déballer ainsi ses soucis, l'homme sent l'accablement le gagner : il croit qu'elle compte sur lui pour tout arranger et se sent impuissant, surtout quand ses problèmes sont purement virtuels ou que personne n'y peut rien. Il lui dira alors :

— À quoi bon t'énerver puisque tu n'y peux rien ?

— Tant que ça n'est pas arrivé, il est inutile de te faire du mauvais sang.

— Ce qui est fait est fait... Il est trop tard pour agir maintenant.

Ces trois formules s'adressent à la raison. Or, si la raison est très utile pour résoudre les problèmes, elle n'a aucune part dans l'équilibre affectif. D'instinct, la femme sait combien il est bon de partager une déception ou une contrariété. Même si on n'y peut rien, il est important d'en parler. Cet échange renforce l'intimité.

Si un homme le comprend, il sera plus détendu quand sa femme se confiera à lui. En lui accordant toute son attention, il répondra parfaitement à son attente et l'aidera à aller mieux, même s'il ne résout rien.

LES HOMMES OUBLIENT TOUT

S'il est bon de se concentrer pour accomplir une tâche, gare aux excès ! Quand l'énergie masculine n'est pas balancée par sa contre-partie féminine, elle tend à se focaliser sur un objet unique au détriment de tout le reste. Pendant que monsieur poursuit son objectif, tout le reste passe à la trappe. Ce schéma est une source importante de conflits.

Même très amoureux, un homme peut oublier l'anniversaire de sa femme, ou simplement de faire une course qu'elle lui avait demandé, pour peu qu'autre chose monopolise son attention.

On conçoit que la femme l'accepte mal. Pour elle, l'oubli marque le désintérêt ou l'indifférence. Rien n'est plus éloigné de sa conception de l'amour. Si l'homme raisonne d'abord en terme d'objectif à atteindre, elle définit ses priorités en fonction de son degré d'attachement. Vu sous cet angle, on comprend qu'il soit facile à un homme de blesser sa femme, même sans le vouloir.

ELLE NOIE LE POISSON,
IL OUBLIE DE REGAGNER LA SURFACE

Homme et femme parlent et écoutent pour des raisons différentes. L'homme écoute pour recueillir des informations, la femme pour entretenir des relations. L'homme parle pour dire quelque chose de précis ou aider quelqu'un à résoudre un problème, la femme pour approfondir un sujet de réflexion ou mieux se connaître.

Vous comprenez maintenant pourquoi un homme souffre tant en écoutant parler une femme : quand il attend d'elle des faits précis, elle en est encore à chercher où elle veut en venir. Il considère alors qu'elle perd du temps ou qu'il y a chez elle quelque chose qui cloche.

La femme explore ses sentiments en même temps qu'elle les

exprime. Cela, un homme a du mal à l'admettre : quand lui a quelque chose à dire, il le fait avec le maximum de concision.

Quand un homme devient muet au beau milieu d'une conversation, son interlocutrice pense – à tort – qu'il s'en fiche, qu'il lui cache quelque chose ou pire, qu'il est bête. La vérité est qu'il cède à son penchant naturel, qui est de ruminer ses pensées afin d'en exprimer la quintessence.

Là où l'homme a besoin de retourner une idée dans sa tête, la femme doit impérativement la faire partager. Au bout du compte, l'homme y gagne en résolution et la femme en pénétration.

Toutefois, chaque méthode a ses inconvénients : si la femme « noie le poisson », à trop s'abîmer dans ses réflexions, l'homme court le risque de ne plus pouvoir regagner la surface... C'est alors qu'il oublie ses rendez-vous, ses promesses et la date de l'anniversaire de sa femme.

À force de noyer le poisson, la femme finit par tout mettre sur le même plan, sans plus définir de priorités. Ne sachant où donner de la tête, elle tend alors à dramatiser. Elle fait passer les besoins des autres avant les siens, les exigences de ses enfants avant sa vie de femme. Après toute une journée à ce régime, le moindre prétexte lui est bon pour se passer les nerfs sur son mari. Et s'il lui prend l'envie de se confier à lui, elle tourne autour du pot sans jamais l'atteindre.

Nul ne pouvant prétendre à l'équilibre parfait, il est normal qu'un homme plongé dans ses réflexions oublie de temps en temps de refaire surface et qu'une femme s'embrouille quelquefois dans l'exposé de ses états d'âme. Cette constatation devrait inciter chacun à un peu plus de tolérance.

Sans ça, quand une femme commence à « noyer le poisson », son interlocuteur se demande avec angoisse quand elle va s'arrêter. Le plus souvent, elle retrouve d'elle-même le fil de ses pensées. Mais si elle est trop peu sûre d'elle pour fouiller ses sentiments, ou si elle a l'impression qu'il ne l'écoute pas, le procédé peut se retourner contre elle et il s'ensuit la plus grande confusion.

À l'opposé, voyant que son mari tarde à regagner la surface, une femme peut avoir un mouvement de panique. Quand c'est le cas, c'est que les éléments dont il disposait ne lui ont pas permis de résoudre son problème. Dans l'attente d'un complément d'information, il s'est enfoncé encore plus loin au point de tout oublier.

S'il perçoit alors la réaction de sa partenaire comme une

condamnation, il tourne le dos à ses bonnes intentions pour se tenir sur la défensive. Pour trouver ses marques, en effet, un homme a besoin de la confiance et de l'admiration de la femme aimée.

Mais quand il se retranche dans le mutisme et semble oublier jusqu'à son existence, celle-ci se prend à douter de son amour et de sa réelle volonté de l'aider. Elle doit alors se répéter :

— Je *sais* qu'il m'aime. Je *sais* que plus je l'aimerai, l'admirerai et lui ferai confiance, plus il se montrera proche de moi.

De la même manière, un homme aura du mal à ne pas condamner une femme qui parle à tort et à travers. Il devra l'écouter patiemment, en songeant que c'est dans ces moments-là qu'elle a le plus besoin de tendresse et de compréhension.

Et s'il sent pointer l'agacement, il lui dira :

— Pourrais-tu te taire une seconde ? J'ai besoin de réfléchir à ce que tu viens de dire.

Ou :

— Ce que tu as à me dire m'intéresse mais d'abord, j'ai besoin de digérer tout ce qui précédait.

Mais dans la plupart des cas, elle se taira d'elle-même après s'être exprimée. Il en profitera pour tenter de comprendre son point de vue :

— Elle a bien le droit d'avoir des états d'âme. Si elle se sent comprise, elle ira mieux et envisagera la situation sous un meilleur jour. Je *peux* découvrir les vraies raisons de son malaise et je *peux* l'écouter sans être tenté de la juger.

Mieux il la comprendra, moins il sera tenté de prendre de la distance. Par une attention bienveillante, il l'aidera à recentrer sa pensée sur ses véritables problèmes.

UN DÉVOILEMENT PROGRESSIF

En matière de communication, la devise masculine est : « Ne jamais parler à moins d'avoir quelque chose à dire. » Il y a là de quoi intimider les femmes, pour qui la parole sert moins à véhiculer la pensée qu'à l'élaborer.

Quand une femme éprouve le besoin de se confier, elle ne sait pas encore ce qu'elle va dire. Parfois, elle ne sait même pas par où commencer ! C'est peu à peu, au fil des échanges, qu'elle découvre le fond de sa pensée. L'homme aussi a besoin d'une progression, mais lui commence par réfléchir et quand il est parvenu à une conclusion, il l'exprime tout haut.

La femme, pour sa part, cède d'abord au plaisir du dialogue. Pour la satisfaire et l'enrichir, celui-ci ne doit pas se limiter aux idées, mais exprimer l'être dans ce qu'il a de plus intime.

La femme se dévoile progressivement à travers l'échange verbal. Pour ça, elle a besoin d'y être encouragée. Elle ne sait pas toujours ce qu'elle va dire mais elle est mue par le désir d'établir une relation et cette forme d'échange est justement pour elle le meilleur moyen d'y parvenir.

Quand une femme découvre ses sentiments, c'est comme si elle exposait le contenu de son sac à main : il lui faut le temps de le vider sans s'entendre reprocher le désordre qui y règne. La voyant faire, l'homme s'imagine qu'elle déballe tout en vrac. Mais quand elle en a fini, elle se sent infiniment plus légère et lui est reconnaissante du respect et de l'attention qu'il lui a témoignés.

LA « TRANSMISSION DE PENSÉE »

Comme nous l'avons déjà vu, les problèmes de communication entre sexes ont souvent leur origine dans de faux présupposés : ignorant à quel point ils sont dissemblables, homme et femme ont une fâcheuse tendance à croire qu'ils lisent à livre ouvert dans les pensées de l'autre.

À peine une femme a-t-elle ouvert la bouche qu'un homme croit savoir où elle veut en venir : « Je vois où est le problème », l'interrompt-il. S'agissant d'un autre homme, ce serait sans doute vrai. Mais avec une femme… Celle-ci sait pertinemment qu'il a tort car la plupart du temps, elle n'a elle-même qu'une vague idée de ce qu'elle veut lui dire.

Quand une femme entreprend de se confier à un homme, celui-ci doit moins s'évertuer à percer le sens de ses paroles que l'aider à le découvrir. Et qu'il ne s'étonne pas si elle saute du coq-à-l'âne ou se fait les demandes et les réponses : une femme a besoin d'exprimer tout haut ce qu'elle a sur le cœur avant de se forger une opinion. Le seul fait d'évoquer ses soucis suffit bien souvent à l'en libérer. En tout cas, s'il est une chose dont elle n'a que faire, c'est de se voir proposer des solutions ou de s'entendre dire : « Je vois où est le problème. » À ses oreilles, cette formule peut se traduire par : « Inutile d'en dire plus, j'ai tout compris. »

La femme, pour sa part, a souvent du mal à interpréter le comportement de l'homme. Est-il muet, elle l'accuse d'indifférence. Est-il distrait, elle en déduit qu'il ne l'aime plus. Est-il en retard, elle en conclut qu'elle ne compte plus à ses yeux. Oublie-t-il de faire ce qu'elle lui a demandé, elle croit à une vengeance. Se retire-t-il dans sa grotte, elle se voit déjà abandonnée.

N'étant pas homme, elle ne dispose d'aucun indice pour l'aider à déchiffrer son attitude. Toutefois, il est en son pouvoir de chercher la cause de celle-ci et de lui exprimer ses craintes sans l'accabler de reproches – nous verrons comment plus loin.

Si les femmes détestent qu'on les interrompe, les hommes sont particulièrement sensibles à la critique et à la suspicion. Quand une femme a affaire à un interlocuteur trop impatient, elle se referme et hésite désormais à se confier. Dans son cœur, l'amour cède la place au doute.

Lorsqu'un homme perçoit de la défiance dans l'attitude de sa compagne, sa réaction peut être paradoxale. S'il se voit puni pour un crime dont il est innocent, il se dépêche de le commettre par esprit de revanche. Si on lui reproche son manque d'égards quand il s'efforce d'être tendre (du moins à sa manière), il devient cassant et indifférent.

C'est le cercle vicieux par excellence : plus il se montre distant, plus elle doute de lui. Plus elle doute, plus il devient distant. Le seul moyen d'éviter ce piège est d'approfondir sa connaissance de l'autre en lui témoignant respect, confiance et compassion.

Autre cas de fausse « transmission de pensée », quand une femme croit son mari capable de deviner et d'anticiper ses désirs. Cette erreur l'expose à de cruelles désillusions. À l'inverse, un homme croit toujours que ses sentiments transparaissent dans ses actes. Or, une femme a besoin de s'entendre dire et redire qu'elle est exceptionnelle et qu'on l'aime. De la même manière, il est bon qu'une femme rappelle souvent à son mari qu'elle aussi a des besoins et des désirs.

LES HOMMES ONT DES ŒILLÈRES

La sensibilité « convergente » de l'homme, si elle est un gage d'efficacité, a l'inconvénient de lui faire oublier tout ce qui ne se rattache pas directement à son objectif premier. En conséquence, il ne voit pas toujours les signaux de détresse que lui adressent sa famille, ses amis ou même son organisme. Il est sourd à sa douleur comme à celle des autres. Sa femme ou ses enfants lui expriment-ils leur révolte ou leur désarroi, il tente de leur démontrer qu'ils ont tort. Ce désaveu permanent est particulièrement pénible pour l'entourage et néfaste aux relations avec celui-ci.

Il n'est pas rare qu'un homme tombe malade le premier jour de ses vacances ou après avoir bouclé un projet qui lui tenait à cœur : son organisme, las d'être ignoré, se rappelle alors brutalement à son souvenir. Ou alors, faute de s'être assuré le soutien affectif dont il avait besoin, il sombre dans la dépression.

Il peut aussi prendre conscience de la pauvreté de sa vie affective après un échec ou au moment de cesser son activité. Les statistiques indiquent qu'une majorité d'hommes décèdent dans les trois ans suivant leur mise à la retraite. Leur œuvre achevée, ils se trouvent forcés de payer leur dette à leur organisme et à leur entourage.

La solution ne consiste pas à s'abîmer dans une tâche de remplacement, ni à noyer le problème dans l'alcool ou les médicaments, mais plutôt à se créer un soutien affectif et à réviser ses priorités. Il s'agit de se trouver une nouvelle raison de vivre et de balancer sa frénésie d'activité avec ses besoins affectifs et physiques.

Parce qu'ils portent des œillères, les hommes ont aussi tendance à négliger les besoins des autres, moins par indifférence que par inconscience. Leurs femmes, leurs enfants, eux-mêmes, tous souffrent de cette situation. Plus d'un homme, constatant que ses enfants étaient devenus grands, a soupiré :

— Comme le temps a passé vite ! Il me semble avoir manqué quelque chose de précieux.

Le regret, la tristesse, le remords accompagnent bien souvent cette prise de conscience.

COMMENT CONTOURNER LES ŒILLÈRES

Les femmes ont le don inné de deviner les besoins des autres. Mais cette faculté peut s'avérer un handicap quand leur partenaire porte des œillères. Pendant que monsieur s'imagine que tout va pour le mieux, madame est accablée de soucis. Comme il ne semble pas les partager, elle en conclut qu'il s'en moque éperdument, à moins qu'elle ne s'en veuille de l'ennuyer pour si peu.

Cette conscience aiguë des problèmes peut être lourde à porter quand le partenaire refuse de l'entendre ou qu'il la dénigre systématiquement. La femme se sent alors très seule et considère que tout repose sur ses seules épaules. Quand un homme proclame haut et fort que tout va bien, il n'y a pas lieu de s'étonner si sa femme est malheureuse. À elle de comprendre que sa satisfaction affichée provient en fait de son refus inconscient de voir les problèmes. Car s'il les voyait, il partagerait presque à coup sûr son inquiétude et mettrait tout en œuvre pour les résoudre.

Si les deux partenaires ont une responsabilité égale dans l'équilibre du couple, leurs rôles ne se confondent pas pour autant. Étant plus apte à considérer les problèmes, la femme ne doit pas oublier qu'un homme se laisse facilement distraire par les exigences de sa vie professionnelle. Aussi ne doit-elle pas s'attendre à ce qu'il devine ses besoins, à moins qu'elle ne les exprime. La plupart du temps, il n'a même pas conscience des siens !

Pour que le couple dure, la femme doit être consciente de cette faiblesse masculine, pratiquer le dialogue, exprimer ses désirs… et ne jamais hésiter à réclamer.

C'est là le plus difficile : une femme a horreur de demander. Elle s'attend à ce que son partenaire devine ses souhaits et se sente obligé de les combler. « S'il m'aime, pense-t-elle, il doit savoir de quoi j'ai envie. » Cette illusion est on ne peut plus néfaste.

Même en l'absence de problème de communication, un homme aura toujours tendance à minimiser les besoins de sa compagne, parce que les œillères qu'il porte l'empêchent de les voir. Pensant – à tort – qu'il ne l'aime pas, elle risque de renoncer à les exprimer alors même qu'il commençait à les entrevoir ! À elle, donc, de faire preuve de patience.

Je ne veux pas dire par là qu'il lui incombe de veiller seule à la satisfaction de leurs besoins mutuels – de nature, la femme n'y est déjà que trop portée. Mais sa tâche consiste à exprimer les siens en respectant l'amour-propre de son partenaire.

Par exemple, elle lui rappellera combien le temps passé avec lui est important pour elle. Ce ne sera pas facile car, comme nous l'avons déjà dit, elle pense que s'il l'aimait vraiment, elle n'aurait pas à réclamer. Mais si elle parvient à s'exprimer sans nulle aigreur, il s'investira davantage dans leur relation et apprendra combien il est doux de donner et recevoir de l'amour.

La plus grosse erreur que puisse commettre une femme est de renoncer à exprimer ses désirs pour les prendre elle-même en charge. Sur le moment, cela lui facilitera la vie mais à long terme, c'est la fin de toute communication au sein du couple. Elle se laissera envahir par un besoin compulsif de tout faire seule, s'abritant derrière l'idée fausse que son mari refuse de l'aider.

En insistant, au contraire, elle l'aidera à prendre conscience des difficultés que lui dissimulaient ses œillères. Le jour où il parviendra à *entendre* ce qu'elle aura à lui dire, elle aura réussi à briser le sortilège. Se sentant aimé, admiré et non rejeté, il reprendra goût à un dialogue tendre et confiant.

En aimant et acceptant nos différences, nous avons le pouvoir de faire évoluer nos relations vers plus d'amour et de tendresse, conformément à notre nature intime.

LE RÔLE DE L'HOMME

Pour vivre heureux avec une femme, un homme doit apprendre à « mettre la main à la pâte ». En général, il croit avoir fini sa journée de travail quand il pousse la porte de son logis, alors qu'il a tout à faire pour enrichir et fortifier sa relation de couple. Trop souvent, l'homme se tient quitte de tout effort une fois marié. En réalité, c'est là que tout commence.

Son rôle consistera à combattre sa tendance à l'égocentrisme pour rester attentif aux désirs de sa partenaire. Chemin faisant, il sentira croître sa motivation et prendra peu à peu conscience de ses propres besoins.

LE RÔLE DE LA FEMME

Si la femme a une conscience plus aiguë des problèmes du couple, ce n'est pas pour autant qu'elle doive les résoudre seule. En revanche, il lui appartient de veiller à la satisfaction de ses propres besoins, et ce, de deux manières. D'abord, en les faisant connaître à son partenaire. Ensuite, en multipliant les sources de contentement de manière à ne pas se reposer entièrement sur lui.

Voyons le cas d'une femme qui donnerait toujours plus à son partenaire, dans l'espoir qu'il le lui rende. Pour le satisfaire, elle va peu à peu contraindre sa nature, jusqu'à ne plus savoir qui elle est. En refoulant ses désirs, elle va également l'empêcher de l'aider. Pour être attiré, un homme doit sentir qu'on a besoin de lui et qu'on lui fait confiance. S'il se sent incapable de combler les besoins d'une femme, il la fuira. Du reste, son animosité lui fera savoir qu'il a échoué.

Or, pour qu'une femme en vienne à exprimer ses désirs, elle doit d'abord s'être sacrifiée à l'extrême. Une fois la rancœur installée, la moindre de ses demandes sonne comme un ordre, une plainte, un reproche ou une méchanceté. Dans ces conditons, comment un homme accepterait-il de s'investir plus dans leur relation ?

Un homme a beaucoup de mal à réagir positivement quand il a le sentiment qu'on cherche à le culpabiliser. Pour éviter d'en arriver là, la femme devra s'efforcer d'exprimer ses désirs et ses sentiments avec confiance et tolérance. Elle évitera aussi de compter uniquement sur lui pour satisfaire ses besoins. En s'assurant l'amour et le soutien de sa famille, de ses amis, elle dépendra moins de lui et acceptera ainsi mieux ses limites.

L'homme se croit tiré d'affaire une fois la relation bien établie. De son côté, la femme attend de lui qu'il satisfasse ses désirs sans qu'il soit besoin de les lui rappeler. En renonçant l'un et l'autre à leurs illusions, il leur sera plus facile de communiquer et de partager les joies et les peines qui marquent la vie d'un couple.

LA PRISE DE DÉCISION

Quand un homme ou une femme doit prendre une décision, celle-ci dépend pour une bonne part du degré de convergence ou de rayonnement de leurs sensibilités respectives. Une femme trop « rayonnante », devant l'infinité de solutions qui s'offrent à elle, aura le plus grand mal à fixer son choix. Ainsi lui faudra-t-il des jours et des jours pour décider d'un cadeau pour son mari.

Pour l'homme, ce comportement relève de l'aberration. Lui se dépêchera d'effectuer son achat quitte à manquer une meilleure occasion, faute d'avoir exploré toutes les pistes.

Également, avant de parvenir à une conclusion, une femme recueillera l'avis de toutes les personnes concernées. L'homme, lui, prend sa décision seul avant de la soumettre à d'autres. Si ceux-ci la rejettent, il retourne à la case départ.

Une mauvaise compréhension de ces mécanismes mène droit à l'affrontement. Quand un homme prend une décision sans avoir consulté sa femme, celle-ci se sent exclue et bafouée. Dans son esprit à lui, si elle avait eu quelque chose à dire, elle l'aurait fait de son propre chef, sans qu'il la sollicite.

De son côté, elle s'abstient de commenter sa décision, croyant celle-ci définitivement arrêtée. En réalité, il est tout à fait ouvert à la discussion. Mais ce type de fonctionnement a de quoi dérouter une femme : elle aurait commencé par recueillir un maximum d'informations avant de prendre une décision inamovible.

Imaginez qu'un homme dise à sa femme :

— Je crois qu'on devrait prendre dix jours de vacances en juin pour aller camper.

Elle est abasourdie : il aurait quand même pu lui demander son avis !

De son côté, lui part du principe que si elle n'est pas d'accord, elle le fera savoir. Comme elle ne proteste pas, il en déduit que sa proposition est acceptée. En fait, elle n'est pas encore remise du choc qu'il vient de lui causer : quel égoïste de ne pas l'avoir associée à une décision de cette importance ! C'est comme s'il lui avait dit :

— J'ai décidé qu'on irait camper au mois de juin et tant pis si tu n'es pas d'accord.

Il est important de noter que ce n'est pas ainsi qu'il a présenté la chose mais dans son esprit à elle, cela revient au même et elle réagira en conséquence.

Peu de femmes savent qu'il est toujours possible de faire changer un homme d'avis. Confrontées à cette attitude, les autres soit n'osent rien dire, soit réagissent trop vivement. Dans ce dernier cas, l'homme se raidit et devient inflexible. Mais s'il se sent estimé, il revient volontiers sur sa décision. Malheureusement, il a rarement l'occasion de prouver sa bonne volonté : trop souvent, les femmes s'imaginent qu'elles doivent hausser le ton pour se faire entendre. À la première remarque désagréable, l'homme se ferme et se réfugie dans une attitude toute de rigueur.

De son côté, il juge la méthode « démocratique » de la femme longue et fastidieuse. Avant de prendre une décision, une femme pose des tas de questions et confronte les points de vue pour être sûre de ne rien laisser de côté. Pendant ce temps, l'homme s'impatiente : il trouve impensable qu'elle ne sache pas mieux où elle veut en venir et la soupçonne de vouloir le manipuler.

Supposons que Joe ait envie d'aller camper en famille durant les vacances d'été :

— Je trouve qu'on devrait aller camper cet été, dit-il.

Martha : Je ne sais pas... À vrai dire, je n'avais pas encore réfléchi aux vacances.

Son « je ne sais pas » indique que Martha compte faire appel à son intuition, sans toutefois se fermer aux propositions extérieures. Mais Joe l'interprète comme un refus pur et simple :

— Cette manie qu'elle a de toujours temporiser ! pense-t-il. Si elle n'a pas envie d'aller camper, qu'elle le dise carrément.

Pour gagner du temps sans l'exaspérer, Martha aurait dû dire :

— C'est une bonne idée mais j'ai besoin d'y réfléchir. Merci d'être aussi patient avec moi...

Ou :

— Excellente idée. On n'a qu'à demander aux enfants ce qu'ils en pensent.

Ou encore :

— C'est vrai qu'il y a des années qu'on n'est pas partis camper. Mais avant de prendre une décision, tu veux bien m'accorder quelques jours de réflexion ?

Toutes ces réponses ont l'avantage de ménager la patience de Joe en l'incitant à respecter le besoin de réflexion de Martha.

ET EN MATIÈRE DE SEXUALITÉ ?

En général, un homme sait d'emblée s'il est disposé à avoir des relations sexuelles. La femme, elle, peut avoir besoin d'un peu de temps pour se déterminer. L'homme a du mal à le comprendre car chez lui, l'inclination coïncide avec le désir.

Si un homme, demandant à sa femme si elle désire faire l'amour, s'entend répondre : « Je ne sais pas », il l'interprétera probablement comme un refus, quand elle a juste besoin de temps pour se mettre en train.

Imaginons que Bill dise à Mary :

— J'ai bien envie de faire l'amour. Ça te dirait ?

Mary : Je ne sais pas.

En elle, les émotions se mêlent, demandant à être analysées :

— Ce serait avec plaisir, mais je me sens tellement fatiguée ce soir… J'ai encore plusieurs coups de fil à passer et je ne suis pas sûre d'avoir l'énergie nécessaire. Peut-être un simple câlin me conviendrait-il mieux ? D'un autre côté, je me laisserais bien tenter. Tu es un amant tellement merveilleux…

Mais en entendant : « Je ne sais pas », Bill s'est senti rejeté :

— C'est bon, fait-il, vexé. N'y pensons plus. Ce sera pour une autre fois…

En son for intérieur, il peste :

— Si elle n'a pas envie, elle n'a qu'à le dire franchement. C'est la dernière fois que je lui demande. Si elle n'a plus de désir pour moi, eh bien, j'irai voir ailleurs.

S'il avait été conscient de leur différence d'approche, il aurait pu remédier à la situation en demandant :

— Est-ce que l'idée de faire l'amour t'agrée au moins en partie ?

Elle aurait répondu :

— Certainement, mais je ne suis pas sûre que ce soit le bon moment. Tu me laisses un peu de temps pour en décider ?

De son côté, Mary pouvait réagir à la suggestion de Bill en expliquant :

— Tu sais que j'adore faire l'amour avec toi. Mais laisse-moi le temps de décider si je suis bien disposée.

Ou :

— C'est une idée merveilleuse. Seulement, je ne suis pas sûre d'être vraiment en train ce soir. Je te dirai ça dans une minute.

Autant de formules qui incitent Bill à la patience sans décourager ses tendres velléités.

— C'est bon, répond-il alors. Laissons les choses se faire d'elles-mêmes, d'accord ?

Ou :

— Prends tout ton temps, chérie.

Ou bien :

— Je comprends. Mais viens dans mes bras, veux-tu ? On verra bien ce qui se passe…

Encore :

— En attendant, veux-tu qu'on parle un peu tous les deux ?

En matière de sexualité, comme dans nombre d'autres domaines, il est essentiel que les hommes comprennent que lors-

qu'une femme dit : « Je ne sais pas », cela n'équivaut pas automatiquement à un refus.

COMMENT SE FORME UNE OPINION

De même qu'il leur faut plus de temps pour prendre une décision,
les femmes sont plus longues à se forger une opinion. D'abord, il
leur faut considérer tous les points de vue et amasser un maximum
d'informations. Et même lorsqu'elles expriment un avis, elles ont
soin de faire savoir qu'elles ne prétendent pas détenir la vérité
absolue.

Une femme laisse toujours la porte ouverte à d'éventuels con-
tradicteurs, avec des formules du style : « Il me semble… » « À
mon avis… » « À mes yeux… » « Pour autant que je puisse en
juger… »

Un homme, à l'inverse, a tôt fait de se forger une opinion à
partir de sa propre expérience. Ensuite, il la teste sur un auditoire
comme s'il était parfaitement sûr de lui, quitte à la réviser en
fonction des réactions obtenues. Si celles-ci sont favorables, il y
gagne en assurance. Sinon, il pèse avec soin les arguments qu'on
lui oppose avant de reformuler son avis.

Quand une femme entend un homme assener une opinion, elle
réagit souvent de façon négative. Il a l'air de considérer tout point
de vue divergent comme stupide ou déraisonnable. Elle qui a besoin d'une longue réflexion ne peut qu'être choquée ou intimidée
par cette attitude. À ses yeux, un tel homme est forcément buté,
intolérant et arrogant.

Mais si l'homme est prompt à se forger une opinion, il est tout
aussi prompt à en changer.

Parlant de ses enfants, Bill déclare un jour d'un ton catégorique :

— Ces gosses sont trop gâtés.

Aussitôt, Mary s'insurge :

— C'est faux ! Comment peux-tu dire ça ?

Les voilà bien partis pour se disputer…

Mary juge Bill comme un égoïste de mauvaise foi. Pour elle, il
ne saurait être question de discuter après qu'il ait assené une opinion pareille, car elle ne se sent pas la force de le *convaincre*. Par
contrecoup, son agressivité rend Bill d'autant moins enclin à

écouter ses arguments. C'est ainsi qu'elle suscite elle-même l'attitude qu'elle redoutait.

Imaginons à présent que Bill s'adresse à son copain Tom :

— Mes gosses sont beaucoup trop gâtés.

Tom lui répondra quelque chose du genre :

— Je vois ce que tu veux dire. Cela dit, je ne crois pas qu'ils soient trop gâtés, mais ils revendiquent plus que nous à leur âge. Mais tu verras qu'ils mettront de l'eau dans leur vin.

Tom a écouté Bill, sachant d'instinct qu'il était ouvert à d'autres points de vue. C'est pourquoi il a pu exprimer le sien sans nulle véhémence. Tom sait que Bill va maintenant peser leurs deux points de vue avant de réviser éventuellement le sien.

Mary l'aurait-elle su qu'elle aurait réagi autrement :

— C'est vrai qu'ils sont exigeants, mais je ne crois pas qu'on puisse dire ça. Regarde comme ils sont sérieux dans leur travail scolaire. Je crois plutôt qu'ils sont différents de nous à leur âge.

Ici, Mary a su exprimer son point de vue en toute confiance, sans fermer la porte à la discussion, évitant du même coup la dispute.

Il est important de bien comprendre ces deux modes de pensée. En se forgeant des opinions, en prenant des décisions, un homme et une femme équilibrés apprennent à s'exprimer à cœur ouvert sans dévaloriser la réflexion. Car le plus sûr moyen d'éviter les conflits est encore de demeurer ouvert et de respecter le raisonnement de l'autre.

Nous allons maintenant voir comment nos différences affectent non seulement notre mode de réflexion mais aussi notre sexualité.

RAYONNEMENT, CONVERGENCE ET SEXUALITÉ

En amour, l'homme a tendance à écourter les préliminaires pour atteindre au plus vite l'orgasme. La femme, au contraire, privilégie ces jeux si agréables. Cette différence est aussi physiologique : les statistiques montrent que l'homme n'a besoin que de deux à trois minutes de stimulation génitale pour parvenir à l'orgasme, contre une moyenne de dix-huit minutes pour la femme. Ces chiffres sont proprement renversants : une femme a besoin de six fois plus de temps et d'attention qu'un homme.

L'ignorant, un homme pourrait en déduire que sa partenaire a moins de goût que lui pour le sexe. Pire : ne sachant pas qu'elle a besoin de six fois plus de préliminaires que lui, il ne verrait pas l'intérêt de s'y attarder. Et quand une femme n'est pas comblée, l'amour cesse d'être un plaisir et un moyen de retrouver sa vitalité pour devenir une corvée.

La femme ayant un plus grand rayonnement que l'homme, il lui faut plus de temps pour se détendre et prendre goût à l'acte sexuel. Une femme qui ignore ou refuse cette évidence risque de se considérer comme anormale. Peut-être même se croira-t-elle frigide quand en réalité, elle aurait besoin de davantage de préliminaires.

Dans nombre de cas, la femme feint l'excitation pour flatter son partenaire et éviter de lui paraître anormale. Il s'ensuit un cercle vicieux : quand sa partenaire semble se satisfaire d'un minimum d'attentions, l'homme en déduit qu'il n'y a pas lieu de changer sa façon de faire. Même, il aura tendance à en faire de moins en moins. C'est là un sujet délicat à aborder mais à chaque fois qu'une femme feint ou exagère son plaisir, elle se condamne à ne jamais obtenir ce dont elle a besoin.

ALLER DROIT AU BUT
OU FLÂNER EN CHEMIN

Plus la journée d'une femme a été dure, plus elle a du mal à se détendre pour atteindre l'orgasme. Dans ces moments-là, elle a surtout besoin d'être cajolée, serrée et embrassée. Grâce à ce contact, elle arrive à se détendre sans qu'on exige rien d'elle. Une sensation paradisiaque, proche de ce que peut éprouver un homme après l'orgasme.

Par ignorance, les hommes prennent rarement le temps d'accorder ce type de soutien affectif à leur partenaire. Or, un simple contact physique est aussi important pour une femme que peut l'être un rapport sexuel pour un homme.

Je ne veux pas dire par là que les femmes n'aiment pas les relations sexuelles : elles les apprécient autant que les hommes. Mais alors qu'une femme énervée trouvera la détente dans un contact sans visée sexuelle, un homme tendu éprouvera plutôt le besoin d'exacerber cette tension au travers d'un rapport sexuel. Là où la sensibilité rayonnante cherche à partager et prolonger le plaisir, la sensibilité convergente met l'accent sur le but à atteindre.

Cette différence fait que l'homme a parfois tendance à écourter les préliminaires. Certaines femmes ont besoin de beaucoup plus de dix-huit minutes pour parvenir à l'orgasme. En fait, une femme peut très bien s'épanouir dans un rapport, même en l'absence d'orgasme.

C'est là une chose difficile à admettre pour un homme. Mais s'il peut trouver la satisfaction en « expédiant » son affaire en cinq à dix minutes, une femme peut prendre plaisir à « flâner en chemin ». Pour se sentir comblée, elle n'a pas plus besoin d'atteindre son but (l'orgasme) que l'homme n'a besoin de s'attarder aux préliminaires.

Cela ne veut pas dire que les femmes n'apprécient pas l'orgasme... En général, toutefois, elles y prendront d'autant plus de plaisir qu'elles auront goûté aux préliminaires. Des fois, elles aussi visent seulement le résultat. D'autres fois, il leur suffit de savourer la sensualité d'un instant de plaisir partagé, sans forcément aller au bout du chemin.

L'homme non plus n'a pas toujours les mêmes envies. Quelquefois, il aime à prendre son temps et à sentir monter le désir chez sa partenaire. Peu à peu, le plaisir gagne tout son corps et quand il jouit, c'est une véritable apothéose.

Cette plénitude contraste avec un rapport de cinq à dix minutes, où l'homme met toute son énergie à atteindre au plus vite l'orgasme. Si les deux le satisfont, le second comble moins sa sensualité. Autant comparer un fast-food à un restaurant gastronomique... Mais il y a des jours où on a envie d'un hamburger et d'autres où on préférera des mets raffinés.

Parfois, une femme a juste envie d'être tenue et caressée. S'il en est conscient, son partenaire ne vivra plus comme un échec le fait qu'elle ne parvienne pas à l'orgasme et il fera en sorte de lui accorder des moments de tendresse sans visée sexuelle.

Pareillement, il arrive qu'un homme ait envie de se défouler dans un coït rapide, sans sacrifier au rituel des préliminaires.

Sachant cela, une femme n'aura pas honte de ne pas se comporter en bombe sexuelle à chaque fois qu'elle fait l'amour et son partenaire n'exigera pas qu'elle parvienne systématiquement à l'orgasme. De son côté, elle ne lui en voudra pas d'écourter parfois les préliminaires, sachant qu'ils auront d'autres occasions de savourer l'amour en gourmets.

Nos besoins sexuels obéissent à des cycles, comme le temps et les phases de la Lune. Ces cycles peuvent être perturbés par les agressions de la vie quotidienne. Pour être pleinement épanouie, une relation sexuelle exige de la flexibilité et un immense respect de nos différences.

LA LOGISTIQUE DES PRÉLIMINAIRES

Les femmes se laissent facilement distraire ou perturber par leur environnement. Alors même qu'elle devrait se détendre et se laisser aller, il n'est pas rare qu'une femme se mette à songer aux factures impayées ou se demande si elle a bien fermé le gaz.

Jusque dans l'intimité, ce souci de son environnement se révèle essentiel. Un homme devrait toujours se rappeler qu'une lumière tamisée, des bougies, un parfum d'ambiance et de la musique douce peuvent accomplir des miracles.

C'est à la fin de la journée que la femme est généralement la plus dispersée. Pour se détendre et se recentrer, elle peut avoir besoin d'être caressée sur tout le corps avant d'accepter une stimulation directe de ses zones érogènes. Car si un homme fatigué se satisfait très bien d'un coït rapide, une femme appréciera mieux d'être massée sur tout le corps.

Ce qui précède ne constitue pas une norme : dans ce domaine, c'est à chacun de trouver son propre style sans qu'on puisse définir une « recette » applicable à tous. À tout le moins, cet exposé peut vous aider à comprendre les désirs de votre partenaire et partant de là, à mieux l'accepter dans sa différence.

VIVRE D'ESPÉRANCES

Une sensibilité rayonnante est capable de deviner les qualités potentielles d'une personne ou d'une situation. Mal employé, ce pouvoir peut donner lieu à bien des problèmes, par exemple en amenant une femme à tomber amoureuse des qualités en germe dans un homme. Elle s'imagine alors être heureuse au présent, espérant que l'avenir comblera son attente.

Certes, il est normal d'être heureux quand on espère quelque chose de bon. Là où il y a problème, c'est quand ce bonheur anticipé masque la douleur de l'instant. Et une femme « rayonnante » a le plus grand mal à analyser son état présent quand elle puise son bonheur dans un avenir encore incertain.

Elle peut même se lier avec un homme qu'elle n'aime pas, se disant que son amour est assez fort pour le transformer. La tendresse, la compréhension qu'elle perçoit en lui à l'état embryonnaire lui donnent l'illusion qu'il a déjà changé. Elle vit dans un fantasme, voyant ce qu'elle désire et non ce qui est.

Imaginez qu'on vous offre un chèque de un million de dollars, en vous priant d'attendre un mois pour l'encaisser. Malgré ce léger hic, vous seriez sans doute fou de joie. Une relation avec une personne riche de promesses peut s'avérer tout aussi excitante, quitte à faire oublier le présent.

Sitôt votre chèque en poche, vous dépenseriez sans compter avec votre carte de crédit, sans attendre que l'argent soit sur votre compte. Cette façon de vivre mène à coup sûr à de cruelles désillusions, surtout si le chèque n'est jamais encaissé.

Un exemple : Daniel (32 ans, écrivain) a épousé Susan (33 ans, secrétaire de direction). À vrai dire, Daniel n'était pas sûr de vouloir épouser Susan car il aimait déjà une autre femme. Susan, de son côté, était persuadée d'avoir rencontré en lui l'âme sœur. Pour lui, elle avait même quitté son premier mari, un homme célèbre.

— Tu es l'homme le plus merveilleux que j'aie jamais rencontré, lui disait-elle. Je ne peux pas vivre sans toi. Depuis que je te connais, je nage dans le bonheur.

Daniel en a déduit qu'il pouvait tout se permettre. Il n'en revenait pas de voir comme tout était facile avec Susan : elle l'acceptait sans condition, le flattait, acquiesçait à tout ce qu'il disait et se mettait en quatre pour le satisfaire… Bref, elle était à ses pieds.

De son côté, Susan était aux anges. En Daniel, elle voyait le compagnon idéal, l'homme qui l'aimerait comme elle avait toujours rêvé de l'être. Il était gentil, attentionné, bourré de talent et d'esprit. Elle était sûre qu'il deviendrait très célèbre un jour. D'ailleurs, tout le monde l'appréciait… Mais par-dessus tout, il avait besoin d'elle et de son amour.

L'ennui, c'est que Susan n'aimait pas vraiment Daniel. Elle aimait l'homme idéal qu'il deviendrait – croyait-elle – si elle l'aimait assez fort. Autre problème : Daniel aimait moins Susan que l'amour et l'admiration dont elle l'entourait.

L'image que Susan s'était forgée de Daniel n'était pas totalement fausse : dans l'absolu, il était gentil, attentionné, etc. Ces qualités n'attendaient que d'être encouragées pour s'épanouir. Mais pour ça, Susan n'était pas la femme qu'il fallait. Elle s'imaginait qu'en lui donnant tout l'amour et l'appui dont elle était capable, il la paierait de retour et qu'ils vivraient heureux à jamais.

Dans leurs relations, Susan s'évertuait à être la partenaire « idéale », déterminée qu'elle était à gagner l'amour de Daniel. Toute à sa préoccupation d'être aimée, elle ne voyait pas Daniel tel qu'il était.

Celui-ci, pour sa part, n'aimait pas vraiment Susan mais plutôt la façon dont elle le traitait. Tant qu'elle lui manifestait une dévotion sans bornes, tout allait bien. Mais dès qu'il s'estimait lésé, il devenait cassant et la privait de son amour jusqu'à ce qu'elle se soit excusée et promette de changer.

La plupart du temps, Susan n'avait pas conscience d'être frustrée. Par exemple, Daniel était toujours distrait quand elle lui adressait la parole. Au fond d'elle-même, elle en souffrait. Mais en surface, elle restait convaincue qu'à force d'amour, il finirait par changer. Son espérance était si forte qu'elle endormait la douleur.

Susan souriait à un avenir radieux, telle la personne qui vient d'empocher un chèque de un million. Toutefois, sa frustration éclatait par moments, dans des accès de colère et de reproches. Le temps passant, elle accentua sa pression inconsciente sur Daniel afin de le couler dans le moule de son idéal.

Cette tension sous-jacente amena les disputes à se multiplier. Susan était persuadée d'aimer Daniel mais au fond, celui-ci avait le sentiment d'être rejeté. Le double langage qu'elle lui tenait avait de quoi le dérouter : en surface, elle se montrait épanouie, répétant à tout venant qu'ils étaient faits l'un pour l'autre. Mais inconsciemment, elle ne rêvait que de le changer pour mieux le contrôler. Sans en avoir l'air, elle n'arrêtait pas de le reprendre, de l'asticoter, de réclamer ou de se plaindre.

Au bout de deux ans de mariage, Daniel ne ressentait plus d'attirance pour Susan, laquelle s'aperçut alors qu'elle en aimait un autre : son médecin. À présent, c'était lui l'homme idéal, l'objet de sa dévotion. Daniel le prit très mal et ils divorcèrent.

Daniel entreprit alors une psychothérapie qui lui révéla la différence entre l'amour véritable et l'amour sous condition. Il comprit qu'il n'avait pas aimé Susan mais le bien-être que lui procurait l'adoration de celle-ci. Plus tard, il épousa une femme qu'il aimait vraiment et apprit peu à peu à donner de l'amour sans condition.

Susan aussi entreprit une psychothérapie qui lui fit prendre conscience du schéma qu'elle avait toujours reproduit jusque-là, à savoir tomber amoureuse des qualités potentielles d'un homme. Elle comprit que ses efforts désespérés pour s'assurer l'amour de son partenaire, loin d'être dictés par la générosité, nuisaient gravement à ses relations avec lui.

Une femme qui se nourrit d'espérances peut donner l'impression d'être heureuse et aimante quand en fait, elle n'aime que les qualités potentielles d'un homme. Ce qu'elle ignore, c'est qu'en lui donnant à croire qu'il la satisfait, elle ne l'incite guère à changer.

C'est là que réside un paradoxe : comme je l'ai déjà mentionné, pour changer, un homme doit d'abord se sentir aimé et accepté tel qu'il est. Attention : accepter quelqu'un « tel qu'il est » ne veut pas dire, tel qu'il *pourrait* être. Certes, un homme a besoin qu'on l'admire. Mais d'un autre côté, il n'apprendra à répondre aux besoins sans cesse fluctuants de sa partenaire que si celle-ci les lui exprime avec franchise. Sans un dialogue tendre mais sincère, il ne saurait être d'amour ni d'admiration authentiques.

L'amour n'implique pas qu'une femme adhère à tout ce que son partenaire dit ou fait. Elle peut l'admirer tout en exprimant de la déception, de la colère, de la tristesse ou de la crainte. Elle peut être très heureuse à certains moments et moins à d'autres. Elle peut s'emporter contre lui tout en chérissant sa présence à un autre niveau. Si les sentiments qu'elle extériorise coïncident bien avec ce qu'elle ressent, son partenaire y réagira de façon positive et il pourra alors répondre pleinement à ses besoins.

Nul homme ne peut développer ses qualités enfouies au contact d'une partenaire qui manquerait de sincérité. Quand une femme se nourrit d'espérances, elle se comporte comme si tous ses rêves s'étaient accomplis. Elle joue les millionnaires quand son compte s'appauvrit de jour en jour. À son insu, elle s'installe dans la frustration et la déception. Extérieurement, elle paraît heureuse mais son amour sonne faux.

L'homme reçoit des messages contradictoires : d'un côté, elle a l'air heureuse. De l'autre, rien de ce qu'il fait ne semble trouver grâce à ses yeux. À tout moment, elle essaie de le façonner à l'image de son idéal. Peu à peu, il s'éloigne d'elle. En effet, comment pourrait-il la satisfaire quand elle ne lui exprime ni ses désirs, ni sa frustration ?

Puis un beau jour, elle ouvre les yeux sur le vide de son existence. La douleur est alors si forte qu'elle ne peut plus se la dissimuler. De l'exultation, elle tombe dans la dépression.

Il n'est pas rare qu'une femme qui se croyait heureuse réalise, au bout de quelque dix ans de mariage, que son bonheur n'était qu'un leurre. Elle repousse alors son partenaire, coupable à ses yeux de ne pas avoir su la combler. Pour compréhensible qu'il soit, ce reproche n'en est pas moins injuste. La découverte de l'insatisfaction de sa compagne cause un choc à l'homme rejeté. Il promet de changer mais elle lui rétorque qu'elle est lasse de porter leur ménage à bout de bras.

Sa fatigue provient de ce que des années durant, elle s'est efforcée d'éviter le naufrage en prétendant que tout allait bien à bord. Elle montrait un visage doux et aimant quand au fond d'elle-même, elle ne ressentait que colère et rancœur.

Certaines femmes peuvent vivre des années en se dissimulant leur douleur quand d'autres fonctionnent de façon cyclique. Celles-ci connaissent des épisodes dépressifs chaque semaine, deux fois par mois ou une fois tous les dix ou vingt ans. Mais plus le refoulement aura duré, plus grave sera la dépression.

Une femme « rayonnante » doit pouvoir s'ouvrir de ses doutes et trouver le réconfort auprès de son compagnon ou de ses amies intimes. Quand elle va bien, elle tend à oublier tous les inconvénients de l'existence. Quand elle va mal, au contraire, il lui semble que tout est irrémédiablement fichu.

Pour trouver son équilibre, il importe qu'elle soit consciente des fluctuations de son humeur. Le fait de consigner dans un journal ses impressions et ses sentiments peut l'y aider, de même qu'une psychothérapie de groupe.

Dans la plupart des cas, quand une femme prend la mesure de son insatisfaction, elle tend à se considérer comme une victime. Elle accable son mari de ses griefs, oubliant que son attitude contradictoire ne lui a pas facilité la tâche. Il est important de noter que cette réaction est une étape classique et normale de cette prise de conscience. Plus tard seulement, elle sera apte à endosser sa part de responsabilité.

Toutefois, ce n'est pas entièrement sa faute si elle a vécu jusque-là d'espérances : si certaines femmes ont tendance à se projeter dans l'avenir, les hommes, eux, vivent parfois dans le passé. Certains s'imaginent qu'il leur suffit de faire une fois le bonheur de leur partenaire pour qu'elle soit à jamais satisfaite. Une fois qu'ils lui ont déclaré leur amour, ils s'estiment quittes et attendent qu'elle se le tienne pour dit une fois pour toutes.

D'autres n'ont simplement pas conscience d'être mal à l'aise dans leurs relations avec leur femme. Telle l'autruche qui enfouit sa tête dans le sable, ils s'abîment dans le travail pour ne pas voir les problèmes qui se posent à leur couple. Arrivés à un certain point, ils en oublient qu'eux aussi ont besoin d'amour : si leur compte en banque se porte bien, leur vie affective est un désert.

À l'instar des femmes, certains hommes tendent à se projeter dans l'avenir. Plus ils seront riches, pensent-ils, plus ils seront heureux en amour. La vérité est que dans bien des cas, la consécration sociale entraîne des tensions supplémentaires au sein du couple, car elle fait resurgir des problèmes qui avaient été occultés en son nom même.

Les hommes aussi sont sujets à de brusques réveils de conscience quand la douleur devient intolérable. Constatant que leur relation de couple ne les satisfait pas, ils s'imaginent trouver le bonheur ailleurs. Le plus souvent, il suffirait de rétablir le dialogue pour apaiser leur souffrance et combler leurs attentes, et ce, sans changer de partenaire.

Trop souvent, la volonté de divorcer relève de la politique de l'autruche : par refus de s'examiner soi-même, on rejette la faute de l'échec sur l'autre. Pour ma part, j'ai vu des centaines de couples au bord du divorce sauver et renforcer leur union après qu'ils eurent réappris à communiquer. Lorsqu'un couple déclare vouloir divorcer, je lui conseille de solliciter d'abord de l'aide. S'ils prétendent avoir épuisé toutes les solutions, c'est souvent faute d'avoir su trouver la bonne.

L'UNE S'AUTOFLAGELLE, L'AUTRE ACCUSE

Une autre différence entre l'homme et la femme veut que celle-ci s'autoflagelle quand celui-là préfère accuser les autres.

Confrontée à un problème, un conflit ou une expérience pénible, une femme fera son mea-culpa avant d'admettre que les autres ont peut-être une part de responsabilité dans l'affaire – signe d'une sensibilité rayonnante.

L'homme, lui, blâmera d'abord quelqu'un d'autre avant d'envisager qu'il ait pu commettre des erreurs. Cette tendance à rejeter la responsabilité sur autrui est la marque d'une sensibilité convergente.

La sensibilité convergente est faite pour détecter les obstacles qui se dressent sur la route menant au succès. Dans une telle optique, toute obstruction ne peut que susciter une réprobation immédiate.

À l'inverse, la sensibilité rayonnante considère les problèmes dans leur contexte, comme la conséquence néfaste d'une série d'actions. D'un coup d'œil, la femme embrasse les choix qu'elle aurait pu faire pour éviter d'en arriver là. Sachant cela, elle accepte facilement les reproches qu'elle est du reste la première à s'adresser.

Ces différences sont une source de malentendus. Quand un homme lui adresse des griefs, une femme s'imagine qu'il a d'abord pesé sa propre responsabilité avant de parvenir à la conclusion qu'elle était seule fautive. Ce faisant, elle donne à ses reproches plus de poids qu'ils n'en ont réellement. En évitant de l'agresser en retour, elle lui laissera une chance de se calmer et de réfléchir à ses propres erreurs.

Moins un homme a confiance en lui, plus il a du mal à reconnaître ses torts et plus il tente d'en remontrer aux autres. Le plus souvent, les femmes se laissent prendre à cette fausse assurance : leur angoisse à elle les incite plus à l'autocritique qu'au réquisitoire.

Inversement, quand une femme adresse des reproches à son mari, celui-ci tend à les prendre à la légère, pensant qu'elle reviendra plus tard sur son opinion. Ce qu'il ignore, c'est qu'elle a déjà pesé ses propres erreurs et a fait de son mieux pour les corriger.

Pour conclure ce chapitre, je tiens à rappeler une fois de plus que nul n'est exclusivement masculin ou féminin : chacun de nous oscille en permanence entre rayonnement et convergence.

Mais l'étude de ces différences nous aide à mieux comprendre la difficulté des relations avec le sexe opposé. Partant de là, nous devrions montrer plus d'indulgence pour les faiblesses de l'autre et trouver plus aisément des solutions adaptées à nos problèmes.

Dans le chapitre 5, nous verrons comment l'homme et la femme réagissent chacun à leur manière au stress.

CHAPITRE 5

COMMENT L'UN
ET L'AUTRE SEXE
RÉAGISSENT AU STRESS

Une autre différence majeure entre l'homme et la femme tient dans la manière dont ils réagissent au stress. En bref, la sensibilité masculine réagit de façon plutôt objective et analytique, la féminine de façon plutôt intuitive et subjective.

La sensibilité masculine se préoccupe en premier lieu des événements du monde extérieur : *en agissant sur celui-ci, l'homme s'efforce de juguler le stress.* Il s'abîme dans ses réflexions afin d'évaluer la conduite à suivre.

La psyché féminine est d'abord tournée vers son monde intérieur : *c'est en agissant sur elle-même qu'une femme maîtrise le stress.* Elle laisse libre cours à ses sentiments afin de les analyser et d'opérer les ajustements nécessaires. Sous l'effet d'une contrariété, elle s'astreint à plus de souplesse, de patience, de compréhension, d'indulgence, et ce changement d'attitude lui est bénéfique.

DES DIFFÉRENCES FONDAMENTALES

Soumis à une pression, l'homme tente d'influer sur son environnement pour atteindre ses objectifs. Quand un obstacle se dresse devant lui, afin de garder le contrôle de la situation, il se doit d'analyser ses actes de façon objective afin de déterminer sa part de responsabilité dans ce qui lui arrive et de remédier à cet état de choses.

D'abord, il va réexaminer sa situation. En observant les changements survenus autour de lui, il déterminera ce qui, dans *sa* conduite, a pu l'amener là. Ce point étant réglé, il emploiera alors sa capacité d'analyse à résoudre son problème.

À l'inverse, une femme commence par se recentrer sur elle-même. C'est l'analyse de ses sentiments qui lui permet de comprendre ce qui s'est passé, pourquoi c'est arrivé et ce qu'elle peut faire pour y remédier. Si elle parvient à déchiffrer ses émotions, sa pensée y gagne en clarté et en flexibilité.

DES ÉMOTIONS DESTRUCTRICES

Une attitude objective consiste à examiner et analyser les événements ainsi que leurs causes. Une attitude subjective consiste à sonder sa propre réaction aux événements.

Quand un homme laisse trop parler sa part féminine, il tend à se laisser envahir par des émotions négatives. Il se montre alors destructeur, lunatique et égocentrique. En soi, ces émotions ne sont pas mauvaises : elles participent de la lutte contre le stress. Mais quand elles s'accompagnent d'un manque d'objectivité, notre homme perd plus facilement son sang-froid, il devient violent, casse tout, dit des méchancetés, exposant au grand jour sa face cachée.

Soyons clairs : cela ne constitue pas pour les hommes un encouragement à refouler leurs sentiments. Mais quand un homme laisse libre cours à sa sensibilité avant d'avoir établi un diagnostic précis de la situation, il risque de déchaîner ses instincts destructeurs. S'il ne cède pas alors à la violence, il se montre falot, indécis, apathique. En se laissant ainsi aller à ses émotions, il se coupe de sa principale source d'énergie : son esprit objectif.

À l'opposé, une femme peut très bien se mettre en colère sans cesser d'aimer et de respecter l'autre. Même au comble de l'exaspération, elle reste ouverte à d'autres points de vue.

Quand une femme est sous pression, elle commence par se recentrer sur ses sentiments. C'est seulement quand elle a pu donner libre cours à ses émotions qu'elle se trouve à même d'examiner sa situation d'un œil critique. Ce travail d'introspection lui permet de mieux juger de la validité de ses réactions pour, le cas échéant, corriger celles de ses attitudes qui ne cadreraient pas avec son moi intime. Mais si elle privilégie l'analyse au détriment de sa subjectivité, elle apparaîtra rigide, dogmatique, exigeante, mesquine et au bout du compte, frustrée. Telle est la face cachée de la nature féminine.

Un homme qui va à l'encontre de son esprit objectif libère ses instincts destructeurs; une femme qui refuse d'écouter sa subjectivité devient dogmatique.

Tant qu'une femme reste en prise sur ses sentiments positifs, sa pensée demeure claire et flexible. Et tant qu'un homme s'en tient à une pensée positive, ses sentiments demeurent tendres et affectueux.

QUAND LES DISPUTES FONT MAL

Une femme qui réprimerait ses émotions au nom de la raison a toutes les chances de se heurter à un homme. Celui-ci se sent à la fois insulté et menacé par cette attitude inflexible qui semble lui dénier le droit de s'exprimer. Plus elle croit paraître « raisonnable », plus il s'énerve et lâche la bride à ses émotions négatives.

D'autre part, quand un homme libère ses émotions négatives sans considérer objectivement le point de vue de sa partenaire, celle-ci n'en est que plus décidée à camper sur ses positions. Les disputes se soldent toujours par des matches nuls. Alors, autant les éviter.

Le fait de libérer ses émotions négatives au cours d'une dispute procure à l'homme un soulagement immédiat. Sa partenaire, elle, s'en trouve souvent anéantie. Après coup, c'est le cœur léger qu'il lui demandera pardon pour toutes les horreurs qu'il aura proférées, persuadé qu'elle les aura aussi vite oubliées que lui. Plus facile à dire qu'à faire : loin d'oublier, elle risque d'en rester à tout jamais marquée.

De la même manière, une attitude trop critique et dominatrice peut éloigner un homme des jours durant. S'il en ignore généralement le pourquoi, il ressent une violente réticence à l'égard de sa partenaire et préfère garder ses pensées pour lui.

Si l'homme comme la femme sont particulièrement vulnérables au cours des disputes, ils n'ont pas toujours conscience de l'effet dévastateur de leurs propos. L'impact d'une dispute ne doit pas être pris trop à la légère. Même en l'absence de violences physiques, les blessures mettent du temps à cicatriser. Plus on est proche de quelqu'un, plus on risque de le meurtrir ou de souffrir par sa faute.

Parce qu'ils tirent leur force d'une analyse objective des faits, les hommes mesurent mal la fragilité d'une sensibilité féminine. Se reposant moins sur ses sentiments, l'homme tend à dévaloriser ceux de sa compagne au profit de ses propres opinions et croyances. Sous l'effet d'une émotion, il se révèle aussi dévastateur qu'un éléphant dans un magasin de porcelaine.

Les femmes peuvent causer le même type de dégâts, quoique moins apparents : il leur suffit d'une remarque désobligeante (du style : « Tu n'aurais pas dû… ») pour stopper un homme dans son élan. Jusque-là, il était plein d'attentions. D'un instant à l'autre, il se ferme et devient injurieux. La différence, c'est qu'un homme blessé a beaucoup moins conscience de l'être.

C'est pourquoi son interlocutrice ne peut compter sur lui pour lui dire en quoi elle l'a froissé : lui-même ne le sait pas. S'il voulait ouvrir les yeux, il pourrait au moins tenter de comprendre comment il en est arrivé là. Quand un homme cesse d'être objectif, il cède aussitôt à ses démons alors qu'une femme révèle sa face cachée quand elle cesse d'écouter sa subjectivité.

DEUX MANIÈRES DE GÉRER LE STRESS

Cette opposition entre objectivité et subjectivité joue à plein dans la gestion du stress : quand l'homme cherche à éliminer la cause du stress, la femme agit sur elle-même.

L'attitude masculine consiste à améliorer sa situation en changeant d'attitude ; celle de la femme, à faire preuve de plus de tolérance, d'amour ou de gratitude.

CE QUI LA DÉSTABILISE…

Pour préserver l'harmonie du couple et éviter l'affrontement, une femme a tendance à multiplier les compromis. Au niveau conscient, elle fait tout son possible pour changer. Mais à force de se sacrifier, voyant que son partenaire ne la suit pas, elle en conçoit de l'amertume et s'efforce – inconsciemment, cette fois – de le changer, lui.

L'homme vit très mal de se sentir ainsi manipulé : soit il la repousse, soit il se révolte.

En fait, la femme ne recourt à ce moyen que lorsque tous les autres ont échoué. Le problème, c'est que personne ne lui a appris à travailler sur elle-même : changer ne signifie pas renoncer à sa personnalité, ni agir à l'encontre de ses propres vœux. Il s'agit moins de modifier un comportement que de se libérer des sentiments négatifs – la défiance, la rancœur – pour mieux être soi. La plupart des petites filles apprennent à refouler leurs sentiments pour paraître toujours gaies et gentilles. En réalité, cette amputation éloigne la personne de son vrai moi. Pour agir efficacement contre le stress, une femme doit d'abord se recentrer. Si elle persiste trop longtemps dans cet état de rancœur et de dispersion, elle deviendra immanquablement manipulatrice ou tyrannique.

...ET COMMENT ELLE PEUT CHANGER

Pour changer – pour devenir elle-même, devrais-je dire – il suffit à une femme de pouvoir exprimer ses pensées, ses désirs et ses sentiments en toute confiance. Pour ça, elle a besoin d'une écoute tendre et respectueuse. Cet aspect de la relation amoureuse lui est essentiel pour se recentrer.

En cachant ses sentiments, elle perd peu à peu le contact avec qui elle est. Sa pensée devient superficielle et rigide. Confrontée au stress de l'existence quotidienne, elle perd toute souplesse. Dans sa quête effrénée d'amour, elle s'évertue dès lors à changer les autres. Devenue incapable de s'adapter, elle ne sait plus faire preuve d'un amour sincère.

Quand une femme manque à ce point de confiance en elle, il lui est plus facile de se conformer aux attentes des autres que d'agir sur ses sentiments. C'est ainsi qu'elle peut offrir toute l'apparence de l'amour en dissimulant des tonnes de rancœur, de défiance et de frustration. Ces émotions négatives finissent par saper son identité et ses relations avec son entourage.

CE QUI LE DÉSTABILISE...

Au début d'une relation, un homme s'efforce toujours de satisfaire sa partenaire quand il la sent malheureuse. En cela, il ne fait que suivre son instinct qui lui dicte d'agir directement sur les données d'un problème.

Mais s'il a l'impression que ses efforts se soldent par un échec, il est déstabilisé. Il écoute alors davantage sa subjectivité et change d'attitude, cédant à la méfiance, à la rancune, au mépris et à la condamnation. Résultat : il perd confiance en lui et recule devant le risque, multipliant les sautes d'humeur et les accès de rage. Quand un homme perd son objectivité, il lui est difficile d'exorciser ses émotions négatives.

...ET COMMENT IL PEUT CHANGER

Un homme ne travaille jamais mieux sur lui-même que lorsqu'il a un problème à analyser et résoudre. Mieux il mesure les conséquences de ses actes sur les autres, plus il est capable de les aimer. Si la volonté de changer suffit à l'améliorer, le fait de résoudre un problème le transforme radicalement.

Mais quand le problème tient à sa nature (non à sa conduite), il lui est plus difficile d'agir. C'est là une chose qu'une femme a du mal à admettre : quand elle estime devoir rectifier son attitude, elle n'a qu'à décider d'*être* autrement. Un homme, lui, décidera d'*agir* autrement. Quand une femme évolue à partir de ce qu'elle est, l'homme doit situer le problème hors de lui pour y réfléchir objectivement.

Pour changer, un homme doit se sentir apprécié mais aussi admettre qu'il y est pour quelque chose s'il ne peut atteindre son but. Une femme, quant à elle, a besoin qu'on l'aime et la sécurise. Elle doit également être consciente que ses réactions ne sont pas toujours à la hauteur de sa capacité d'amour et de son sens des responsabilités.

Quand un homme a tout tenté en vain pour satisfaire sa partenaire, il est obligatoire qu'il renonce et se résigne à l'échec. Au lieu de changer d'attitude, il se préserve en chargeant sa partenaire. Cet engrenage a quelque chose de débilitant. Mais qu'on lui indique le moyen d'y remédier, le voici de nouveau inspiré et motivé.

ELLE LE DÉCOURAGE MALGRÉ ELLE

Quand un homme échoue de façon répétée à satisfaire sa partenaire, il change peu à peu d'attitude en réfrénant ses élans naturels.
Il renonce à prendre des décisions, se disant que quoi qu'il fasse,
cela n'ira jamais. Il bride sa masculinité, de crainte de commettre
des erreurs qui lui vaudraient une réprimande. Il cesse de prendre
des risques, car rien n'est plus pénible à un homme que de ne pas
se sentir accepté et estimé par la personne qu'il aime et qui le
connaît le mieux.

Lorsqu'une femme critique ses actes ou ses choix sans y avoir
été invitée, elle le blesse et l'incite malgré elle à en faire encore
moins. Plus il paraît la décevoir, plus il se sent impuissant et
inapte.

Les femmes reprennent volontiers les hommes, pensant les
motiver ou les aider à changer. En réalité, elles ne font que les
buter.

Confronté à l'échec, un homme a besoin de temps pour réfléchir et assumer ses erreurs. Malheureusement, c'est toujours dans
ces moments-là que sa femme lui assène quelque remarque cui-
sante, du style : « Je te l'avais bien dit ! » Ou : « Tu aurais mieux
fait de… » ; « Tu sais pourtant que… ». Sans compter les interrogations (« Pourquoi n'as-tu pas… ? »), les généralisations (« Il faut
toujours que tu… ») et les manifestations de sympathie (« Mon
pauvre… Je sais ce que tu ressens, va. »)…

Elle s'imagine à tort que son intervention l'incitera à comprendre et mémoriser ses erreurs. Mais même s'il admet celles-ci,
il se dépêchera de les oublier : un homme ne tire la leçon de ses
échecs que s'il a la certitude de n'être ni critiqué, ni rejeté à cause
de ceux-ci. Pour se réformer, il doit se sentir soutenu.

Si les paroles citées plus haut ont toutes les chances de rater
leur cible, c'est qu'elles lui sont généralement adressées alors même
qu'il n'a rien demandé. Pour aider valablement un homme qui tra-
verse une épreuve, il n'est qu'à lui demander : « Que s'est-il
passé ? » Cette question l'aide à se recentrer en faisant appel à son
objectivité. Puis, s'il semble en veine de confidence, on lui demandera « pourquoi », à son avis, les choses se sont passées ainsi.

DE QUOI L'HOMME A-T-IL BESOIN ?

Quand un homme est soumis à la pression des événements, il a besoin de temps pour analyser sa situation. Alors seulement, il peut en parler. À ce stade de sa réflexion, il commence à tenir compte de ses erreurs. Plus tard, il sera capable de changer sans réprimer sa nature d'homme.

C'est à croire qu'un homme ne peut reconnaître ses erreurs qu'après avoir compris comment il aurait pu les éviter. Il se dit alors :

— Si j'avais su ce que je sais à présent, j'aurais agi autrement.

DE QUOI UNE FEMME A-T-ELLE BESOIN ?

Une femme sous pression doit pouvoir confier ce qu'elle ressent avant d'être pleinement capable d'aimer, admirer et faire confiance. Lorsqu'elle n'a pas les moyens d'analyser ainsi ses sentiments, elle se laisse aisément déborder, dramatise et s'épuise. Arrivée à ce stade, il lui faut encore plus de temps pour se recentrer. De la part d'un homme, elle recherche surtout la tendresse, l'attention, le respect et la compréhension.

Lorsqu'une femme est à bout de nerfs, il est tentant pour un homme de la critiquer. Au contraire, elle aurait besoin qu'il l'écoute et la soutienne sans vouloir la changer. De son côté, il doit tout faire pour résister à l'envie de la conseiller ou d'influer sur ses sentiments. Dès qu'un homme a compris en quoi son attitude pouvait blesser sa compagne, il devient automatiquement plus attentionné et respectueux.

COMMENT UN HOMME
PEUT BLESSER UNE FEMME

Il est aussi tentant pour une femme de faire la morale à un homme quand celui-ci lui apparaît irresponsable qu'il l'est pour un homme de traiter de folle, d'idiote, d'enquiquineuse ou d'égoïste une femme aux sentiments exacerbés. En formulant ces jugements d'un ton détaché, il lui cause une blessure beaucoup plus profonde qu'il ne l'imagine.

Soumise au jugement d'un homme, une femme ne sait plus très bien qui elle est. C'est alors qu'elle endosse les défauts qu'il lui prête : s'il la juge égoïste, elle n'en sera que moins encline à l'aimer. S'il la traite de folle, elle commencera à douter de sa raison. De la même manière, lorsqu'une femme veut dicter sa conduite à un homme, il ne fait que se buter : les jugements nés du ressentiment ne peuvent être d'aucun secours à celui qui les reçoit.

Dans l'épreuve, une femme a besoin d'aide et de temps pour devenir plus aimante, confiante et tolérante. La transformation s'opère d'elle-même dès qu'on lui offre la possibilité d'exprimer ce qu'elle ressent.

Quand un homme ou une femme ne comprend ni les réactions ni les besoins spécifiques de son partenaire, il ou elle perd le contact avec son vrai moi et se laisse envahir par ses « démons ». Tout ce qu'il peut y avoir de positif en lui ou en elle est alors occulté par des attitudes, des convictions et des émotions négatives.

NOS « DÉMONS » ET NOUS

Quand un homme ne se suffit pas à lui-même ou qu'il n'obtient pas l'aide dont il aurait besoin pour surmonter une épreuve, il se sent blessé et donne libre cours à ses démons. Le processus est identique chez la femme.

Dès qu'un homme sent son objectivité le fuir, il se ferme et étouffe ses sentiments – une manière pour lui de se ressaisir : c'est seulement en étant objectif qu'il parvient à déterminer sa responsabilité dans ce qui lui arrive. À ce stade, il peut enfin se permettre d'interroger ses émotions et d'envisager des changements.

Comme nous l'avons déjà dit, lorsqu'un homme ne parvient plus à maintenir une attitude objective, ses démons sortent au grand jour : il devient irritable, cruel, injuste et violent. En se repliant sur lui-même, il parvient à leur barrer la route.

Mais en le voyant ruminer dans son coin, sa compagne va chercher par tous les moyens à le tirer de son silence, sans imaginer une seconde qu'elle ne fait qu'attiser son incendie intérieur. Si elle agit ainsi, c'est que sa nature féminine et subjective la pousse à se confier lorsqu'elle se sent bouleversée au point de ne plus pouvoir analyser ses sentiments.

LA VIOLENCE CÔTÉ HOMME

Quand un homme ressent une blessure qu'il ne parvient pas à analyser, il donne libre cours à ses émotions les plus primaires. Ce ne serait pas si grave, s'il pouvait s'empêcher de les extérioriser.

De tous les moyens dont il dispose pour exprimer sa douleur, le plus terrible est certainement la vengeance : quand un homme souffre, il éprouve généralement le besoin de faire souffrir quelqu'un d'autre. C'est là un trait dominant de la psychologie masculine : dans la plupart des cas, la violence sert à extérioriser sa souffrance pour obtenir un soulagement. *Briser quelque chose ou quelqu'un est une façon inconsciente de dire : « Voilà ce que tu m'as fait. »* À mesure qu'un homme progresse sur la voie de la communication, cette tendance tend à régresser.

Le fait de projeter sa douleur sur autrui permet à l'homme de s'en libérer en l'objectivant. La souffrance de l'autre, pour autant qu'il la perçoive, devient en quelque sorte le reflet de la sienne.

Au bout de deux ans de mariage, Dick découvrit que Lynn entretenait une liaison secrète. Il ressentit alors le besoin de lui faire mal en proportion de ce qu'il souffrait. Pour mieux la punir, il devint violent, la gifla et l'insulta. Au bout du compte, il se sentit soulagé et put pardonner, dès lors que Lynn lui parut souffrir autant que lui. Son raisonnement, pour primaire qu'il fût, pourrait se traduire ainsi :

— À présent, elle comprend ce que je ressens. Après ça, elle n'est pas près de recommencer.

Dans les cas extrêmes, le spectacle de la douleur d'autrui peut conduire au plaisir : lorsque le héros d'un film finit par tuer l'assassin de ses enfants, les spectateurs s'en réjouissent. Comme par magie, la souffrance du « méchant » efface le sentiment d'injustice. Ce phénomène de compensation, s'il concerne également la femme, est surtout typique de l'homme.

Quand quelqu'un ne trouve de soulagement que dans la souffrance de l'autre, c'est que ses blessures sont trop profondes pour trouver un remède plus civilisé. D'où la satisfaction que semblent éprouver certains hommes à infliger ou rendre le mal.

LA PAIX DANS LE MONDE

Cette propension à soigner sa souffrance en rendant coup pour coup est à l'origine de toutes les guerres. Mieux un homme exprime sa douleur, moins il use de violence. Mais pour l'exprimer, encore doit-il en avoir conscience. Et pour ça, il lui faut développer son côté féminin.

Il y parvient à force d'écouter et de partager la douleur d'autrui. En se confiant à son tour, il trouve alors l'apaisement sans recourir à la vengeance.

Lors de mes séminaires, il n'est pas rare que des hommes qui n'ont jamais pleuré de leur vie prennent brusquement conscience de leur souffrance, pour leur plus grand soulagement. Sans cette écoute préalable, un homme demeure sourd à son trouble intérieur. Avant lui déjà, son père avait appris à occulter ses émotions. Ainsi, génération après génération, les hommes se trouvent pris au piège de la vengeance comme unique réponse à la souffrance.

Pour y échapper, rien de tel que l'atmosphère sécurisante d'un groupe, les thérapies individuelles n'étant efficaces que dans la mesure où le patient est en contact avec ses émotions – ce qui, pour un homme, demande déjà tout un travail.

Cela explique le succès croissant des thérapies de groupe : dans ce cadre, les hommes apprennent à trouver l'apaisement sans rendre les coups reçus. Cette transformation graduelle, si elle améliore les relations de couple, contribue aussi à l'avènement de la paix dans le monde. Plus nous serons nombreux à nous libérer de la violence, plus le bénéfice sera sensible à l'échelle de la planète. De ce point de vue, le rêve d'une paix universelle n'est peut-être pas qu'une utopie.

TRANSMETTRE LA DOULEUR

Quand un homme reçoit un coup, s'il ne parvient pas à ressentir et exprimer sa douleur, il se trouve forcé de le rendre. Son cœur étant fermé à la compassion, rien ne l'incite alors à la clémence : c'est ainsi que la tentation de la vengeance est profondément ancrée dans l'âme masculine.

Confronté à l'infidélité de Lynn, Dick se sent trahi et souhaite qu'elle souffre autant que lui. Cette impulsion le rend violent, vindicatif et cruel. C'est seulement une fois sa vengeance assouvie qu'il peut trouver l'apaisement. Il aurait pu le trouver d'une façon moins barbare en montrant sa douleur à Lynn. Car loin de guérir sa blessure, la vengeance n'a servi qu'à reproduire celle-ci.

Si Dick parvient à lui signifier son chagrin sans l'agresser, Lynn aura tout naturellement de la compassion pour lui. Voyant qu'elle a pris conscience de sa douleur, Dick guérira et pourra pardonner.

La plupart des hommes ne savent pas exprimer leur souffrance sans recourir à la menace – c'est d'autant plus vrai que la blessure est profonde. Pour ce faire, ils ont besoin d'entendre des personnes qui ont souffert d'une injustice similaire. Par ce biais, ils renoncent peu à peu à la vengeance et compatissent à la souffrance d'une femme.

Une précision importante : ce n'est pas parce qu'un homme ne témoigne pas de commisération à sa partenaire qu'il ne l'aime pas. Devant ses airs lointains, celle-ci s'imagine qu'il se moque de ce qu'elle éprouve. En réalité, sa prétendue indifférence démontre son incapacité à reconnaître ses propres émotions.

À mesure qu'il devient capable d'exprimer sa souffrance, l'homme se libère de son désir inconscient de faire mal. S'il n'y parvient pas, il continue de chercher l'apaisement dans la douleur qu'il inflige à sa partenaire.

L'AGRESSION PASSIVE

Certains hommes, en lisant ma description de la violence masculine, auront l'impression de faire figure d'exceptions. Mais s'ils prennent la peine de s'examiner, ils verront que le désir de revanche peut prendre bien des visages. La vengeance peut même se dissimuler derrière la volonté d'aider l'autre en lui donnant une bonne leçon. La plupart du temps, les gens n'ont pas conscience de leurs tendances agressives. Plutôt que leurs actes, c'est leur *inaction* même qui est source de souffrance pour l'autre : c'est ce qu'on appelle une agression passive.

Cette agression passive se manifeste par des retards, des oublis répétés, un manque d'appétit sexuel, une fatigue persistante, une tendance à la dissimulation, une attitude indifférente ou révoltée, des airs supérieurs, une propension à se réjouir du malheur des autres au lieu de compatir à leur souffrance.

L'AGRESSION VERTUEUSE

Un homme peut également se montrer agressif en se drapant dans une attitude vertueuse qu'il justifie en condamnant la conduite des autres. Il prive sa partenaire de tendresse ou de relations sexuelles, ou bien il se montre violent, mesquin et injurieux. Mais le plus grand mal qu'il puisse lui faire est de la rendre responsable de sa propre conduite.

Or, si son histoire personnelle peut *expliquer* son attitude, elle ne la *justifie* en rien. Parce qu'une femme lui a fait du mal, il s'arroge le droit d'en faire autant. Lui imputant son comportement destructeur, il estime qu'elle doit être punie. C'est totalement faux : on ne répare jamais une injustice par une autre injustice.

Plus généralement, les hommes justifient leur désir de violence par l'existence d'un ennemi méritant les pires traitements. En vérité, nul être humain ne mérite de souffrir. Les hommes considèrent la violence comme une solution, non comme un problème. Tant qu'il en sera ainsi, la violence se perpétuera.

Tant que les hommes seront incapables de guérir leurs blessures, ils continueront de rationaliser la violence en y voyant un mal nécessaire. L'ancienne logique (le recours à la violence) perdurera tant que nous n'en aurons pas institué une nouvelle, basée sur la communication, la négociation et le pardon.

Il nous appartient d'instaurer la paix dans nos existences et dans notre monde en développant nos qualités féminines. Dans le futur, c'est la compassion qui motivera les décisions des puissants, non le désir inconscient de punir.

LA VIOLENCE CÔTÉ FEMME

Bien sûr, la femme aussi peut être violente. Mais alors, ce sont les souffrances qu'elle a subies qui l'obligent à développer ses caractères masculins afin de se protéger. Quand une femme se montre violente, à quelque degré que ce soit, c'est qu'elle est sous l'emprise de ses traits masculins.

Étant par essence non violente, une femme se soumet plus facilement à la violence qu'elle ne l'emploie. Et alors qu'un homme blessé trouve son soulagement dans la riposte, une femme cherche plutôt à culpabiliser son agresseur.

Pour apaiser sa douleur, la femme doit d'abord la faire entendre. Quand elle estime qu'on ne lui témoigne pas assez de compassion, elle compense en instillant la culpabilité chez l'autre, dans l'espoir inconscient qu'il change d'attitude. Pour elle, c'est aussi une façon de se prouver qu'elle ne méritait pas le traitement qui lui a été infligé. Mais au lieu d'arranger les choses, cette stratégie irrite l'homme et le pousse à la vengeance.

En travaillant, une telle femme devrait finir par comprendre comment on peut blesser un homme, même indirectement. De toutes les injures qu'on peut faire à celui-ci, la pire est sans doute de lui retirer sa confiance et son admiration pour l'accabler de reproches et de critiques. Quand une femme prend ainsi sa revanche, elle n'a pas idée du mal qu'elle fait. À torts égaux, une femme est toujours persuadée que c'est l'homme qui l'emporte en brutalité, parce que celle-ci est plus visible chez lui. Pourtant, une femme a le pouvoir de démolir son partenaire d'une seule inflexion de voix.

Comme nous l'avons vu plus haut, quand une femme ne peut faire entendre sa douleur, elle tend à se rabaisser et à culpabiliser. Pour l'éviter, elle rejette alors cette culpabilité sur quelqu'un d'autre (toujours inconsciemment, cela va de soi) qu'elle rend responsable de sa souffrance. Cela lui procure peut-être un soulagement temporaire, mais la blessure est loin d'être cicatrisée.

De tous temps, certaines femmes ont joué les victimes pour attirer la sympathie. *Paradoxalement, c'est dans ce rôle qu'elles se sentent le plus dignes d'amour et d'intérêt.* Pour changer, elles doivent apprendre à exprimer leur souffrance sans charger leur partenaire ni jouer les martyres.

Dans les cas extrêmes, certaines vont jusqu'à se punir en se refusant tout plaisir ou en adoptant un comportement suicidaire. Elles tombent malades, doutent d'elles-mêmes ou s'accablent de critiques. Dans leur relation de couple, elles s'astreignent à donner toujours plus alors même qu'elles reçoivent moins.

Bien souvent, la maladie n'est que l'expression d'une douleur mal cicatrisée, une punition que s'inflige le « moi » via le corps. De ce point de vue, la maladie est bien l'œuvre des « démons » féminins, alors que les démons masculins auront plutôt tendance à projeter la douleur sur autrui.

Côté positif, notre part masculine nous pousse à servir les autres quand notre part féminine nous incite à évoluer. Une écoute attentive de cette dernière est le meilleur garant contre la maladie et la souffrance.

En résumé, les guerres et les violences traduisent l'incapacité des hommes à trouver l'apaisement ; les maladies, l'incapacité des femmes à guérir leurs plaies. Bien sûr, je généralise : de même qu'il arrive aux femmes d'être brutales, les hommes ne sont pas à l'abri de la maladie. Mais en dernière analyse, on peut dire que notre aspect féminin retourne toujours sa violence contre lui quand le masculin la projette sur autrui.

PETIT MANUEL D'AUTOAPITOIEMENT

Là où une femme se fait le plus de mal, c'est lorsqu'elle s'adonne à l'autodénigrement, jusqu'à vouloir se punir et se priver de tout. Cette tendance se traduit par un sentiment d'impuissance et d'indignité. En s'apitoyant sur elle, elle se dénie la capacité d'agir sur son existence et rend ainsi les autres indirectement responsables de son sort.

Elle se dira par exemple :

— Personne n'apprécie mes efforts. Personne ne voit combien je me sacrifie et travaille dur.

L'autoapitoiement est une forme de violence, en cela qu'elle entrave notre capacité à créer les conditions de notre propre bonheur. Voici quelques-unes des formes qu'elle peut revêtir :

— S'il était plus gentil, je serais tellement plus heureuse.

— Il aurait quand même pu m'appeler... À cause de lui, ma journée est fichue.

— Il n'y a vraiment rien que je puisse faire ; je suis pieds et poings liés.

— Jamais je n'arriverai à tout faire.

— Personne ne m'aime... La preuve, je suis toujours toute seule.

— Quels ingrats, ces gosses ! Je me mets en quatre pour eux et jamais ils ne m'en remercient.

— Dire que je suis toute seule, avec tout l'amour que j'ai à donner... C'est vraiment trop injuste.

— Je sais que j'ai du talent, mais personne ne me donne ma chance.

— Comment font-ils pour avoir autant d'argent, eux ?

— Je lui ai donné les plus belles années de ma vie et je me retrouve toute seule quand lui, il s'est remarié six fois.

— Tout le monde me trahit. La vérité, c'est que je suis trop bonne, trop noble.

— Plus je travaille, moins j'obtiens de résultats.

Dans ces exemples, la personne se condamne à être malheureuse en se privant de la faculté d'agir sur son existence. Qui plus est, en s'apitoyant sur son sort, elle adresse des reproches indirects à son entourage, suscitant chez celui-ci un sentiment de culpabilité. Cette attitude, si elle peut lui attirer la sympathie, l'enferme en réalité dans son rôle de victime.

Pour sortir de ce schéma, elle doit apprendre à extérioriser sa souffrance sans nourrir de rancœur ni s'apitoyer sur son sort. Alors seulement, elle recevra toute la sympathie dont elle a besoin. De la même manière, c'est en apprenant à exprimer sa douleur (et à écouter celle des autres) qu'un homme renoncera peu à peu à la violence. Moyennant un peu d'amour et de compréhension, il est stupéfiant de voir à quelle vitesse un être humain peut se libérer de ses schémas inconscients. Au cours de mes séminaires, j'ai souvent eu l'occasion d'assister à de telles transformations.

Mieux nous comprendrons nos différences, plus nous aurons de motifs d'espérer, pour nous-mêmes et pour notre monde. Plus les hommes prêteront attention aux sentiments de leurs compagnes, mieux ils appréhenderont leurs propres sentiments et plus ils se montreront aimants et respectueux avec les femmes. Par contrecoup, celles-ci trouveront l'apaisement de leurs douleurs et y gagneront en force, tendresse, confiance, tolérance et gratitude.

En cessant de nous reposer sur le partenaire pour gérer nous-mêmes notre stress, nous découvrirons le bonheur de nous assumer et serons plus à même d'aider ceux que nous aimons, surtout dans les situations de crise.

Résumons-nous : confronté à un problème, un homme a besoin de temps et de solitude pour définir des solutions objectives, alors qu'une femme a besoin de temps et d'attention pour découvrir des solutions subjectives. Lorsqu'ils n'y parviennent pas, ils se laissent envahir par leurs émotions négatives. Pour éviter d'en arriver là, il est essentiel de bien connaître les signes annonciateurs de tension.

Dans le chapitre suivant, nous présenterons les symptômes

spécifiques aux deux sexes. Cette étude permettra à chacun de mieux aider son partenaire en période de crise. Également, en étant capable de les découvrir chez vous, vous aurez plus vite fait de rétablir votre équilibre.

CHAPITRE 6

LES SYMPTÔMES DU STRESS

Chez l'homme, on distingue trois principaux symptômes de stress : l'éloignement, la mauvaise humeur et le repliement. Faute de bien les connaître, les femmes ont tendance à se sentir visées et à s'exagérer leur gravité. Si elles parvenaient à les interpréter, elles se détendraient et sauraient mieux aider leur partenaire à retrouver son équilibre.

Chez la femme aussi, ces symptômes sont au nombre de trois – accablement, dramatisation, épuisement – et donnent lieu aux mêmes méprises. Quand une femme se débat dans les difficultés, faute de savoir l'aider, son compagnon perd pied à son tour, aggravant encore son malaise. Pour l'éviter, il suffirait que les hommes apprennent à interpréter les réactions de leur partenaire.

RÉACTION MASCULINE N° 1 :
L'ÉLOIGNEMENT

Dans une situation de stress, le premier réflexe d'un homme est de prendre de la distance en mettant un frein à la communication. Inévitablement, sa partenaire se sent visée par son attitude. Elle s'imagine alors qu'il ne l'aime plus. Cela se comprend : aux yeux d'une femme, l'éloignement traduit nécessairement l'indifférence ou la rancœur. Elle a du mal à admettre qu'il puisse se sentir moins concerné par les siens sous l'effet du stress. Chez elle, c'est le contraire qui se produit : plus elle est sous pression, plus elle est soucieuse du bien-être de ceux qu'elle aime. Dans ces moments-là, l'apparente désinvolture de son partenaire lui cause un profond désarroi.

S'il n'a pas conscience de sa propre souffrance, l'homme stressé devient sourd à celle des autres. Incapable de la moindre sympathie, il minimise systématiquement les problèmes de son entourage. À chaque fois qu'on fait appel à sa compassion, il se rétracte pour éviter le contact avec sa propre douleur.

Il fait comme si tout allait pour le mieux. Mais en même temps qu'il supprime ses émotions, il repousse toute tentative d'aide ou de dialogue. Une femme doit savoir qu'un homme distant est un homme qui lutte contre ses émotions. Si elle lui offre alors son aide, il est probable qu'il la refusera.

Par exemple, quand Bill rencontre des difficultés dans son travail, il se montre distant et préoccupé. Sa femme Mary en prend ombrage et s'imagine qu'il ne l'aime plus. En réalité, ses sentiments n'ont pas changé mais ils sont occultés par son besoin d'éloignement.

RÉACTION MASCULINE N° 2 : LA MAUVAISE HUMEUR

Tous les efforts de Mary pour le dérider ne font qu'augmenter l'irritation de Bill. S'il ne parvient pas à relâcher la pression, les choses ne peuvent qu'empirer. Il se renfrogne d'autant plus que Mary s'essaie à lui remonter le moral ou à resserrer leur intimité.

Sous l'effet du stress, Bill se désintéresse de tout. Plus rien ne le motive ni ne l'enthousiasme. Il n'imagine pas à quel point il peut paraître indifférent, voire carrément menaçant, quand il se trouve dans cet état.

Si on lui demande un service, il va soupirer, maugréer, bougonner. En général, les femmes considèrent ce type de réaction comme une marque de mauvaise volonté. En fait, il n'en est rien.

Un homme préoccupé consacre toute son énergie à atteindre l'objectif qu'il s'est fixé. Si on l'interrompt alors pour un motif totalement étranger à son problème, il a le plus grand mal à changer de plan et exprime ses réticences en ronchonnant.

Un exemple : confortablement installé sur le canapé, Bill est absorbé dans la lecture d'un magazine. Voyant qu'il ne fait rien, sa femme lui demande de sortir la poubelle, ce qu'il ressent comme une intrusion d'une extrême gravité.

Mary est déconcertée : il est plus facile pour une femme de déplacer son attention d'un objet à un autre. Un homme, au contraire, ne peut se concentrer que sur une tâche à la fois. Quand il a fini, il passe à la suivante. Si on l'interrompt, il proteste, et ce, d'autant plus qu'il a du mal à détacher son attention de ce qui l'occupe.

Ses protestations traduisent en réalité le cheminement de sa volonté : s'il demeure muet, c'est qu'il se demande s'il est prêt à obtempérer. S'il ronchonne, c'est signe qu'il est sur le point d'accepter, même s'il résiste encore.

Cette attitude découle d'une importante différence physique entre l'homme et la femme : le cerveau féminin a un corps calleux (cette bande de tissu conjonctif qui réunit les deux hémisphères) plus large. Des découvertes récentes ont révélé que cette particularité permettait aux femmes un accès plus rapide aux différentes zones de leur cerveau, d'où une plus grande facilité pour changer d'occupation.

Quand une femme rouspète, c'est qu'elle considère qu'on abuse d'elle. L'homme, lui, ronchonne parce qu'on le détourne de son occupation, même si la requête lui paraît justifiée et qu'il a l'intention de s'y soumettre. Chez lui, la mauvaise humeur traduit plutôt un processus d'adaptation.

Moyennant quoi sa compagne, intimidée, redoute de faire appel à lui. Elle croit qu'il lui en veut d'abuser ainsi de sa patience, comme elle le ferait en pareil cas : quand une femme cède à contrecœur, elle en nourrit une rancune tenace à l'encontre du solliciteur.

Comme je rédigeais ce paragraphe, mon épouse est entrée dans mon bureau, déclarant d'un ton badin :

— Veuillez excuser cette interruption momentanée de nos programmes, mais le docteur X peut vous recevoir soit lundi à 18 heures, soit vendredi à 11 heures. Votre choix, S.V.P. ?

J'ai enfoui mon visage dans mes mains avec un soupir agacé. Ma femme n'a pas paru s'en formaliser. Prévoyant ma réaction, elle avait pris le soin de présenter sa requête d'un ton enjoué, propre à désamorcer ma mauvaise humeur.

Celle-ci peut donner lieu à un autre type de malentendus :

quand un homme accueille une de ses requêtes en ronchonnant, sa compagne croit qu'il lui signifie que le score est par trop inégal. Si les femmes donnent volontiers, elles n'oublient jamais de compter les points. À 20-0, une femme donnera encore avec le sourire. À 30-0 (selon son décompte personnel), elle commencera à rouspéter comme peut le faire un homme. Là où elle se trompe, c'est que la mauvaise humeur masculine est sans rapport avec ces questions de score. Pour ne plus l'entendre grogner, elle préférera se passer de son aide, creusant ainsi un peu plus l'écart.

L'ART DE PRÉSENTER UNE REQUÊTE

Pour s'assurer l'aide d'un homme, une femme doit apprendre à demander. Si elle ne demande pas, elle n'obtiendra rien. Mais une femme s'imagine toujours qu'à force de recevoir, son partenaire finira par se montrer à son tour généreux. Le fait de donner augmente certes les chances de recevoir en retour mais il est plus utile d'apprendre à demander – et aussi à demander explicitement, au lieu de suggérer.

Confrontée à la mauvaise humeur d'un homme, une femme a toujours peur de demander. Elle craint non seulement de ne pas obtenir l'aide réclamée, mais plus encore qu'il la lui accorde pour mieux lui en garder rancune.

Au contraire : à peine a-t-il sorti la poubelle que Bill se sent de meilleure humeur. Pour peu que Mary l'accueille avec un sourire approbateur, ses ronchonnements ne seront déjà plus qu'un mauvais souvenir.

Voilà encore une chose qui échappe à l'entendement féminin : quand une femme est d'humeur à râler et qu'on lui demande de quitter une tâche pour une autre, son aigreur n'en est que plus vive. C'est pourquoi elle hésite tant à demander de l'aide à son partenaire, craignant qu'il ne soit encore plus mal disposé après coup.

Pour surmonter sa timidité, qu'elle s'astreigne à demander en laissant à son partenaire la possibilité de refuser. Sans cette tolérance, une requête n'est plus une requête mais une obligation.

S'il refuse sans qu'elle en fasse un drame, il y a de grandes chances pour qu'il s'en souvienne et se montre mieux disposé une prochaine fois. Au moins, il aura perçu que le score penchait en sa défaveur et que si sa compagne se pliait de bonne grâce à son refus, elle n'en comptait pas moins sur lui.

Beaucoup de femmes agissent à l'opposé : elles se taisent mais tiennent secrètement rancune à leur partenaire de ne pas en faire plus. À 20-0, elles s'enhardissent à réclamer et s'il se montre réticent :

— Comment ose-t-il se plaindre après tout ce que j'ai fait pour lui ? Jamais il ne lève le petit doigt pour m'aider !

Au moment de présenter leur requête, elles s'endurcissent contre une éventuelle rebuffade, si bien qu'elles ont l'air d'exiger. Or, un homme veut pouvoir donner à sa guise, non par obligation.

Cette analyse aidera les femmes à comprendre la supposée paresse masculine. Trop souvent, l'homme croit faire score égal parce que sa compagne continue de donner alors qu'elle ne reçoit rien. À la voir lui sourire, comment imaginerait-il que le score est à 20-0? S'il considérait qu'il donne plus qu'il ne reçoit, il cesserait aussitôt de donner jusqu'à ce que l'écart soit comblé.

Il est encore une chose qu'une femme doit savoir lorsqu'elle sollicite l'aide d'un homme : une fois sa demande faite, qu'elle garde le silence. Surtout, qu'elle ne cherche pas à se justifier en faisant valoir que c'est son tour de sortir la poubelle ou qu'elle est fatiguée de le faire à sa place. Non : qu'elle demande et se taise. Le silence est propice à la réflexion.

Laissez-le grommeler tout son soûl tandis qu'il s'habille et claque la porte derrière lui. Puis, quand il sera sorti, exprimez-lui tout bas votre reconnaissance. À son retour, accueillez-le comme s'il était un chevalier en armure qui aurait affronté les dangers de la nuit pour vous porter secours. La prochaine fois, il grognera déjà moins et vous verrez qu'à la longue, il devancera vos désirs rien que pour mériter votre admiration. Pour guérir un homme de sa mauvaise humeur, rien de tel qu'un peu d'amour et de tolérance.

RÉACTION MASCULINE N° 3 :
LE REPLIEMENT

Au comble de la tension, Bill se replie sur lui-même et offre alors l'apparence de la plus totale indifférence.

Quand un homme se replie ainsi, il obéit à un automatisme. C'est là un mystère de plus pour la femme : lorsqu'elle se referme, c'est qu'elle l'a décidé. Aussi croit-elle qu'il la fuit délibérément, pour quelque obscur motif de vengeance. En réalité, ce repliement est un mécanisme de défense qui se met en place quand l'homme sent affleurer des sentiments douloureux. Dans ces moments-là, il a juste besoin de s'isoler mais sa compagne y voit un rejet pur et simple.

Chez les Amérindiens, lorsqu'un guerrier était contrarié, il se retirait dans sa caverne pour réfléchir au problème qui lui occupait l'esprit. On disait à sa squaw que si elle tentait de l'y suivre, elle se ferait dévorer par le dragon qui en défendait l'entrée. Quand l'homme se sentait prêt à regagner le monde, il sortait alors au grand jour.

Quand un homme se replie sur lui-même, ne cherchez surtout pas à l'aider. Contentez-vous de respecter sa solitude, sachant qu'elle lui est indispensable pour venir à bout de sa souffrance et de sa frustration. Comprenez que son empressement à résoudre son problème n'est rien moins qu'une preuve d'amour. Dites-vous qu'il a les ressources pour le faire et surtout, ne le touchez pas. Ce n'est pas un hasard si les Indiens employaient l'image du dragon : quand un homme se retire dans sa caverne et qu'on tente de l'en tirer de force, il déchaîne ses forces obscures.

POURQUOI LES HOMMES SE REPLIENT

Soumis à une pression intense, l'homme refoule ses sentiments afin d'examiner la situation en toute objectivité. C'est vrai de la plupart des hommes, même de ceux qui ont particulièrement développé leurs qualités féminines. Il réduit au minimum le champ de son attention et se coupe de ses émotions. C'est seulement à ce moment-là qu'il commence à récupérer.

Pour combattre la tension et galvaniser ses énergies, l'homme a besoin de solitude. Il est alors trop instable pour analyser correctement ses réactions.

La femme vit très mal ce repli : pour parvenir au même point, il faut qu'elle soit excédée au point de rejeter l'autre. À force de prendre des coups, elle finit par perdre confiance en son partenaire et se referme délibérément. Dans ces conditions, il lui est difficile d'admettre qu'un homme puisse prendre de la distance à seule fin de restaurer son équilibre et d'éviter un afflux massif d'« émotions négatives ».

L'homme a la faculté de se refermer en un clin d'œil. Chez la femme, le processus est toujours graduel. Son rempart, elle le construit brique après brique, à coup de rancœur.

Si l'homme se referme en un éclair, il est tout aussi prompt à s'ouvrir. Cette rapidité suscite la méfiance chez la femme ; elle croit qu'il fait semblant d'aller mieux. Elle est incapable de tels revirements d'humeur. Quand une femme se ferme, elle doit beaucoup parler avant de s'ouvrir à nouveau.

Lorsqu'une femme s'emploie à tirer un homme de son état de repliement, elle encourt le risque d'éveiller ses démons. C'est une grave erreur que de lui demander ce qu'il ressent alors même qu'il fait tout pour refouler ses sentiments. Quand elle a eu plusieurs fois affaire au monstre qui défend l'entrée de la caverne, elle a encore moins confiance. Ce qu'elle ne comprend pas, c'est que le dragon ne crache ses flammes qu'en cas d'intrusion prématurée.

De son côté, l'homme doit savoir que sa compagne s'exagère la gravité de son état quand elle le voit s'enfermer ainsi. Il est en son pouvoir de la rassurer en lui promettant d'être très vite de retour pour discuter de son problème avec elle.

Lorsqu'un homme éprouve le besoin de s'enfermer, je lui suggère d'en avertir sa partenaire en ces termes :

— J'ai besoin de réfléchir. Quand ce sera fait, on parlera de tout ça ensemble.

Au début, il se pourrait qu'il se limite à dire :

— J'ai besoin de réfléchir.

La promesse d'« en parler ensemble » est trop contraire à la nature masculine. Mais plus il gagnera en équilibre, plus il lui sera facile de se confier.

Quand un homme sort de sa caverne, il arrive qu'il n'ait rien à dire : à la réflexion, son problème ne lui paraît plus si important, ou alors il n'envisage plus la situation de la même manière. S'il prétend aller bien, sa compagne a toutes les raisons de le croire et de se rassurer.

LES FEMMES ET LE STRESS

Sous l'effet du stress, l'homme restaure son équilibre en se repliant sur lui-même. Pour parvenir au même résultat, la femme doit d'abord interroger ses sentiments. Si elle ne parvient pas à débrouiller ceux-ci, le déséquilibre s'accentue et se traduit par les symptômes évoqués plus haut : accablement, exagération, épuisement.

Il est important que l'homme sache les reconnaître et les interpréter. Faute de quoi, il cherchera à lui démontrer qu'elle a tort ou se croira à tort mis en cause. Or, lorsqu'une personne sous pression constate qu'on se méprend sur ses réactions, cela ne fait qu'aggraver son état.

RÉACTION FÉMININE N° 1 :
L'ACCABLEMENT

Le stress exacerbe la sensibilité féminine. Confrontée à un afflux inhabituel d'émotions, la femme ne parvient plus à établir de distinction entre ses sentiments et ceux d'autrui et croit devoir répondre aux attentes de tous.

Elle se sent alors débordée, écartelée, incapable de trouver le repos tant que « tout » n'aura pas été fait.

Plus elle oublie ses besoins au profit de ceux des autres, plus elle est surchargée. Elle donne et donne encore, sans jamais prendre le temps de recevoir. Elle finit par se soumettre aveuglément aux désirs d'autrui, jusqu'à l'épuisement.

Une femme débordée n'est plus capable d'établir des priorités. À ses yeux, tout revêt la même importance : payer les factures en souffrance, balayer sous le lit, arroser les plantes vertes, plier les tee-shirts de son mari, passer des coups de fil, s'habiller et se maquiller pour sortir, préparer le pique-nique du week-end prochain, promener le chien d'une amie...

Imaginons que Mary se sente débordée et que Bill lui demande incidemment de passer un coup de fil pour lui, un coup de fil « sans réelle importance » (si Bill n'hésite jamais à lui demander ce genre de services, c'est qu'elle les accepte généralement de grand cœur). À supposer qu'elle réponde :

— Désolée, pas le temps !

Bill ne verra pas d'inconvénient à téléphoner lui-même. Peut-être même lui demandera-t-il s'il peut l'aider à faire quelque chose. Malheureusement, ce n'est pas le genre de réponse qui vient à Mary quand elle est débordée...

À peine Bill a-t-il parlé qu'elle soupire, excédée :

— Je ne peux pas, je suis en train de faire à manger. Je dois déjà appeler le prof de Julie, changer le bébé, ranger tout ce bazar, faire les comptes et finir la vaisselle. En plus, ce soir, on va au cinéma. Je n'arriverai jamais à tout faire !

Sa réaction en appelle une autre, tout aussi immédiate, chez son mari : Bill se replie sur lui-même et retourne s'abîmer devant la télé.

Mais s'il en veut à Mary, c'est pour d'autres raisons que celles qu'elle imagine : en son for intérieur, il lui reproche de ne pas avoir sollicité plus tôt son aide. Surtout, il lui en veut de l'avoir démoli à ses propres yeux (en langage martien, de l'avoir fait « rentrer dans ses chaussettes »).

En réalité, Mary n'a pas cherché à le démolir. Il s'est fait mal tout seul en se méprenant sur sa réaction. Dans son esprit, si sa femme est débordée, c'est qu'il n'a pas su lui éviter d'en arriver là. Il ne comprend pas qu'il n'est pour rien dans l'accablement dont elle souffre.

Dans son esprit, Mary lui reproche de ne pas mieux l'aider et de trop exiger d'elle. Rien n'est plus éloigné de la vérité.

Lorsqu'un homme se replie sur lui-même, sa partenaire en déduit qu'il ne l'aime pas. En réalité, il n'a aucun message à délivrer : il prend juste soin de lui. Quand une femme se plaint d'être débordée, c'est exactement la même chose. Elle cherche juste à faire partager ce qu'elle ressent. Le seul fait d'être entendue suffit souvent à alléger son fardeau.

QUAND UNE FEMME SE PLAINT D'ÊTRE DÉBORDÉE...

Quand une femme se plaint d'être débordée, son partenaire tend à prendre de la distance pour échapper à la culpabilité qu'elle lui renvoie. De son désarroi, il fait une affaire personnelle. Il sent bien qu'il la déçoit mais ne sait comment l'exprimer sans perdre la face.

En conséquence, il ne lui dit jamais qu'il souffre de la voir malheureuse alors qu'il désire tant son bonheur. Il ne lui dit pas qu'il regrette de ne pas faire plus pour lui rendre la vie agréable. Il ne lui dit pas qu'il se fait du souci pour elle et refuse qu'elle se sente abandonnée. Il ne lui dit pas :

— Je comprends que ce soit dur pour toi.

Il ne la serre pas dans ses bras en disant :

— Je t'aime. Parle-moi de ce qui ne va pas.

Même si c'est ce qu'il ressent, il ne sait pas l'exprimer et n'imagine même pas qu'elle puisse souhaiter l'entendre. Alors, il se retire. Le plus drôle, c'est qu'elle lui prête des sentiments totalement opposés. Elle est persuadée qu'il ne l'aime pas. S'il est intérieurement malheureux, son comportement extérieur laisse croire que tout va bien. Et cependant, ses réticences à l'égard de sa partenaire ne cessent d'augmenter. Résultat : elle se sent encore plus seule et désemparée.

Une femme accablée expose ses problèmes en vrac, comme autant d'affaires de la plus haute importance. Ceci explique d'autant mieux la méprise de son compagnon : un homme concentre toujours sa mauvaise humeur sur celui de ses problèmes qui lui paraît le plus important. Il n'évoque les autres que pour en rejeter la responsabilité sur autrui. Aussi se sent-il mis en cause par le déballage auquel se livre sa partenaire. Et s'il se retire, elle lui reproche sa froideur et son insensibilité. On voit encore comment de fausses suppositions peuvent créer un malaise bien réel : deux personnes ont beau s'aimer, si elles n'ont pas conscience de leurs différences, la rancœur, la défiance et l'hostilité ne tarderont pas à poindre le nez.

Lorsqu'une femme se sent accablée, elle utilise son partenaire comme une caisse de résonance. Il peut l'aider à restaurer son équilibre rien qu'en prêtant l'oreille à ses déboires. Par malheur, il s'imagine qu'elle lui demande de remédier à la situation. Au bout de quelques minutes, il croit l'aider en lui suggérant des solutions. Il est vrai que quand un homme trouve une solution qui le satisfait, il se sent tout de suite plus à l'aise. Mais comme elle continue de lui déballer ses problèmes, il est désemparé.

Il se dit que décidément, elle n'est jamais contente. Avec ça, elle en demande trop. Malgré tout son désir de l'aider, il baisse alors les bras, las de se sentir attaqué.

Quand Mary se plaint d'être débordée, Bill sent l'impatience le gagner. Il lui semble qu'elle s'apitoie un peu trop sur son sort. Il voudrait lui dire :

— Arrête de te faire une montagne de tout. Personne ne t'oblige à en faire autant. Ce n'est pourtant pas si compliqué d'être heureux. Mais il faut toujours que tu en fasses des tonnes.

Ce discours ne ferait que jeter de l'huile sur le feu. Quand Mary se trouve dans cet état, elle n'a surtout pas envie qu'on lui en remontre. Tout ce dont elle a besoin, c'est d'une oreille attentive.

À elle de comprendre que Bill interprète son attitude comme un reproche. Si elle veut qu'il l'aide, elle doit d'emblée lui dire que *ce n'est pas de sa faute* si elle se sent débordée.

CE N'EST PAS TA FAUTE : cette formule magique peut accomplir bien des miracles avec un homme.

— *Si j'ai l'air de te faire des reproches*, dirait-elle, *je te prie de m'en excuser. Rien de ce qui arrive n'est de ta faute.*

De son côté, son partenaire doit renoncer à agir sur elle : même si elle donne l'impression de se plaindre, la guérison est déjà à l'œuvre. Le seul fait d'être écoutée suffit à la faire changer d'attitude. Une phrase toute simple peut se révéler particulièrement efficace. Après l'avoir écoutée un moment, il n'a qu'à lui dire :

— Je me demande comment tu arrives à faire tout ça.

Ce à condition d'être sincère, bien sûr...

TROUVER UNE OREILLE ATTENTIVE

Une femme désemparée a besoin de quelqu'un qui comprenne son angoisse et la laisse l'exprimer sans chercher à la minimiser. Elle aura beaucoup de mal à obtenir cela d'un homme, à moins de lui rappeler qu'il n'est pour rien dans son malaise et qu'elle apprécie grandement son aide. Une autre femme, en revanche, se mettra aussitôt à l'unisson de ses sentiments. C'est pourquoi il est capital que les femmes s'entraident et se soutiennent mutuellement, au lieu de se reposer entièrement sur leur partenaire homme. Bien sûr, il est bon qu'un homme s'exerce à mieux comprendre sa compagne. Mais tant qu'il n'y sera pas parfaitement entraîné, celle-ci aura tout intérêt à s'appuyer plutôt sur ses amies.

RÉACTION FÉMININE N° 2 :
LA DRAMATISATION

Une femme accablée tend toujours à dramatiser. Après une journée fertile en mésaventures, elle est très capable de reporter toute son agressivité sur son mari, comme si c'était lui la cause de son tracas.

S'il lui laisse évoquer le reste de ses préoccupations, elle parvient généralement à se détendre. Mais jusque-là, elle donne l'impression de lui faire des reproches et de vouloir le punir.

Dans cet état, elle se laisse facilement aller à des propos extravagants, injustes ou inconsistants qu'elle se dépêche d'oublier, à moins qu'elle n'en rie après coup. L'homme réagit un peu de la même façon au stress : il s'irrite facilement mais si on a soin de ne pas le provoquer, sa mauvaise humeur passe aussi vite qu'elle est venue. De même qu'une femme doit savoir demander sans exiger, un homme doit pouvoir écouter sans se sentir visé ni interrompre sa partenaire pour corriger ses propos.

Même si elle semble lui imputer tous ses problèmes, au fond il n'en est rien. En vérité, elle ne sait pas au juste ce qui la tracasse ni dans quelle mesure son partenaire y est pour quelque chose.

Denise (38 ans, trois enfants) est comptable. Son mari Randy est architecte. Un jour, il rentre de son cabinet un quart d'heure plus tard que d'habitude. À la maison, il trouve sa femme murée dans un silence glacial.

— Le dîner est prêt? demande-t-il. Je suis affamé.

— Tiens, c'est brûlé! fait-elle en jetant le plat sur la table.

Randy est indigné :

— Comment ose-t-elle se conduire ainsi? songe-t-il. Quand même, je n'ai qu'un quart d'heure de retard! J'admets qu'elle soit un peu agacée, mais pas à ce point-là…

Il se lève en raclant sa chaise sur le sol et sort en proférant un chapelet de jurons, bien décidé à dîner ailleurs.

Son attitude est tout aussi déconcertante pour Denise. Quand une femme réagit un peu trop vivement, son partenaire croit faire l'objet d'un châtiment. « Si je dois être puni, pense-t-il, qu'au moins ce soit pour quelque chose. » Il fait alors en sorte de mériter le savon qu'elle vient de lui passer.

Ce besoin compulsif de punir l'autre de manière à provoquer une réaction négative de sa part constitue une importante source de problèmes. Si l'homme savait que l'agressivité de sa compagne n'est pas essentiellement dirigée contre lui, il cesserait de se sentir visé. Il comprendrait que contrairement aux apparences, ce n'est pas son retard qui l'excède ainsi. Il est plus probable qu'elle a eu une journée fatigante et que son retour lui a juste fourni un prétexte pour tout déballer, fût-ce sur son dos.

Voyons un peu quelle a été la journée de Denise : voulant faire les comptes, elle s'aperçoit que deux talons de chèques ont été laissés en blanc. Elle accuse aussitôt la négligence de son mari. En une seconde, elle vient d'accumuler 20 points de stress.

Une demi-heure plus tard, en préparant du thé dans la cuisine, elle constate que sa fille Katherine a oublié son déjeuner. Que faire ? Le lui apporter au collège ou la laisser jeûner ? Mettons que ce nouveau stress vaille 10 points. Mais ceux-ci s'additionnant, Denise le ressent comme s'il en valait 30.

Ce système de report des points de stress n'est pas propre aux comptables, mais général à l'ensemble des femmes... Ce qui explique que leurs réactions paraissent totalement disproportionnées aux hommes.

Poursuivons le détail de la journée de Denise : après mûre réflexion, elle décide d'apporter son déjeuner à Katherine. Mais voilà que sa voiture refuse de démarrer : la batterie est à plat car une portière est restée entrouverte toute la nuit. Nouveau stress de 30 points, ce qui nous fait un total de 60.

Imaginons un instant que Katherine téléphone pour demander à sa mère de lui apporter son déjeuner. Comment Denise va-t-elle réagir ? Au lieu d'un stress de 10 points (dans son esprit même, l'oubli du déjeuner ne vaut pas davantage), son coefficient d'exaspération grimpera en flèche à 60. Heureusement pour elle, Katherine a la bonne idée de ne pas se manifester...

Denise se dirige vers la cuisine afin d'appeler son garagiste. Au passage, elle ramasse le courrier. Tout en téléphonant, elle remarque une lettre de la banque. L'ayant ouverte, elle découvre un avis de découvert. En temps normal, une telle nouvelle ne vaudrait guère plus de 30 points, soit une légère contrariété. Mais ce jour-là, elle se cumule avec le reste, atteignant un niveau de 90.

Supposons que Randy appelle alors pour lui signaler qu'il a omis de déposer un chèque à la banque. Au lieu d'un bref couplet sur son étourderie, il s'entendrait carrément traiter d'irresponsable et d'idiot. Dieu merci, Randy n'appellera pas.

Denise subit son coup de fil au garagiste comme une nouvelle humiliation. Pour se remettre, elle décide de s'offrir quelque friandise. Mais en cherchant à mettre la main sur les cookies, voilà qu'elle trouve des crottes de souris dans le placard...

— Des souris ! s'exclame-t-elle en sautant au plafond.

En fait, cela fait trois semaines que Randy essaie de piéger le petit maraudeur. Un autre jour, la découverte d'une souris dans la cuisine se serait traduite par un stress de 15 points à peine. Mais cette fois, en vertu du système des reports successifs, elle culmine à 105.

N'importe quel observateur jugerait la réaction de Denise parfaitement disproportionnée. Mais celle-ci ne se conçoit qu'en fonction de tout ce qui précède.

À ce moment-là, il n'est pas possible pour Denise de dissocier les composantes de son état présent. La souris, le déjeuner de Katherine, les talons de chèques, la panne de batterie, le découvert bancaire s'amalgament et donnent lieu à une réaction équivalente à 105 points de stress.

Si les hommes comprenaient ce mécanisme, ils se sentiraient moins agressés par les réactions exagérées de leurs compagnes. Mais revenons sur cette journée fatale au terme de laquelle Denise manqua de renverser le plat sur la tête de Randy...

Après que le garagiste est venu recharger la batterie de sa voiture, Denise se prépare à sortir. À peine a-t-elle démarré qu'elle s'aperçoit qu'elle a oublié le déjeuner de Katherine. Laissant la voiture dans l'allée, elle se rue vers la maison. À son retour, impossible de redémarrer : nouvelle panne de batterie. La première lui avait valu 30 points de stress. Avec celle-ci, elle atteint un total de 135. Rouge de honte, Denise se résout à rappeler le garagiste qui lui demande :

— C'est pas vous qui avez appelé il y a trois quarts d'heure?

Un autre jour, elle aurait pu dissimuler sa gêne derrière une plaisanterie. Mais à 135 points de stress, la question du garagiste a tout d'un affront intolérable.

En attendant l'arrivée de la dépanneuse, Denise décide de se reposer dans sa chambre. Elle s'étend sur son lit, ferme les yeux et trouve un instant de quiétude. Mais quand elle se relève pour aller chercher un verre d'eau, elle remarque d'autres crottes de souris sur le plancher. C'est la première fois qu'elle en trouve ailleurs qu'à la cuisine. À 150 points de stress, la moindre mauvaise surprise prend des allures de cataclysme.

Denise sent la panique la gagner : combien y a-t-il en tout de rongeurs? Comment parviennent-ils à s'introduire dans la maison? Peut-être sont-ils porteurs de maladies? Y en a-t-il dans la chambre des enfants? Et s'ils se glissaient dans le lit de ceux-ci durant leur sommeil? Et au grenier, combien peuvent-ils être? Dans d'autres circonstances, la perspective d'une invasion de souris l'aurait bien un peu effrayée, mais pas dans ces proportions. Après ça, bien sûr, plus question de repos ni de détente.

Une fois sa batterie rechargée, Denise est plus que jamais déterminée à apporter son déjeuner à Katherine. Elle n'a plus que dix minutes pour parvenir au collège avant la sortie des cours. En chemin, elle en perd cinq dans un embouteillage dû à des travaux. En temps normal, un ralentissement ne représente pas plus de 10 points de stress, voire 30 si on est pressé. Mais 150 plus 30 égalent 180...

Quand elle finit par atteindre le collège, c'est pour s'entendre dire que Katherine est partie déjeuner à l'extérieur avec une camarade. Un déplacement inutile valant environ 20 points, on atteint ainsi un total de 200.

Pour Denise, il est maintenant l'heure d'aller chercher sa benjamine de trois ans, Susie. Durant tout le trajet, Susie pleurniche qu'elle veut aller se baigner. Denise lui explique patiemment qu'il fait trop froid pour ça, mais Susie finit par faire un gros caprice. Il ne manquait plus que ça! Les enfants ont un sixième sens pour déceler les tensions latentes et les exprimer à leur façon. Jusqu'au soir, Susie va se montrer particulièrement grognon et exigeante. Pour n'importe quelle mère, ce type de pression représenterait au moins 20 points de stress. Denise en capitalise maintenant 220 : ce jour là, elle regrettera plus d'une fois d'avoir désiré des enfants...

Pour compenser sa mauvaise journée, elle décide de régaler son mari avec un menu spécial. La préparation du dîner n'est pas une mince affaire, Susie n'arrêtant pas de la solliciter. Comme Randy tarde à rentrer, elle laisse le saumon dans le four pour le garder au chaud. Mais une fois encore, Susie vient la distraire. C'est seulement quand Randy pousse la porte qu'elle songe au saumon. Elle se précipite alors vers le four et découvre qu'il a brûlé...

Randy remarque le silence de sa femme. Il demande :

— Le dîner est prêt? Je suis affamé.

Un jour normal, le retard de Randy n'aurait pas représenté plus de 10 points de stress. Mais là, Denise bout littéralement de rage. Si Katherine était rentrée la première, c'est elle qui aurait fait les frais des 235 points de stress accumulés par sa mère. Et si on avait montré à celle-ci la photo d'une souris...

En entendant Randy demander si le dîner était prêt, Denise pense :

— C'est tout ce que tu as à me dire ? Après tout ce que j'ai fait pour toi… Tu n'as même pas téléphoné pour prévenir de ton retard. Et puis, tu pourrais au moins dire bonjour ou me demander ce que j'ai fait aujourd'hui. Espèce d'égoïste, tu ne penses vraiment qu'à toi. Je te déteste. Qu'est-ce que ça peut me fiche, que tu sois affamé ? Au contraire, je trouve que c'est bien fait !

Mais dans l'agitation où elle est, il lui est impossible de parler. Alors, elle balance le plat sur la table :

— Tiens, c'est brûlé !

Son regard, l'intonation de sa voix sont on ne peut plus éloquents… Randy réagit avec la même violence. Il se lève, profère quelques jurons et sort en maugréant :

— Elle me le paiera !

Ce que Randy ignore, c'est que Denise a déjà payé le prix fort tout au long de cette journée. Assurément, elle mérite toute sa compassion. S'il parvenait à comprendre qu'elle ne cherche en rien à le punir, il ferait marche arrière, respirerait un grand coup et avec mille précautions, il tenterait de lui manifester sa sympathie sans la reprendre, la corriger ni se défendre.

« QUOI D'AUTRE ? »

Imaginons qu'il la prenne dans ses bras et lui demande :

— Comment te sens-tu ?

Ou :

— Je vois bien que tu n'es pas dans ton assiette. Qu'est-ce qui se passe ?

Quand elle aura fini de parler, au lieu de lui expliquer qu'elle a tort de se mettre dans ces états, il recourra à la formule magique :

— Qu'est-ce *encore* qui te tracasse ?

Ou plus simplement :

— Quoi d'autre ?

Ces questions indiqueront à Denise qu'il est disposé à faire l'effort de la comprendre et surtout, qu'il prend sa souffrance très au sérieux. Son « quoi d'autre ? » lui évitera également de se focaliser sur un problème unique. Sa nervosité amorcera aussitôt une décrue. Peut-être même arrivera-t-elle à plaisanter de ses malheurs.

Toutefois, un homme ne doit recourir à cette formule que s'il se sent réellement capable d'écouter. S'il doit devenir agressif au bout de deux minutes, mieux vaut qu'il prenne un peu de distance. Encore peut-il le faire avec courtoisie :

— Je sais combien tu es bouleversée, mais j'ai besoin d'assimiler tout ce que tu viens de me dire. Après, si tu veux, on en reparlera.

Il mettra à profit le silence qui suivra en se répétant que la mauvaise humeur de sa partenaire ne le vise pas personnellement.

S'il n'a pas totalement épuisé ses réserves de patience, il pourra tester une autre approche :

— Ça te fait du bien que je t'écoute ?

Si elle parvient à répondre :

— Oui, et je t'en remercie, il se sentira encouragé à poursuivre son effort.

On n'imagine pas l'effet que peuvent avoir quelques mots aimables sur un homme.

À moins qu'il ne lui dise plutôt :

— Je te sens bouleversée. Crois bien que je ne demande pas mieux que de t'aider mais depuis un moment, il me semble que tu cherches à me dire que tout est de ma faute. J'ai raison ?

— Mais pas du tout ! dira-t-elle, surprise.

Et lui :

— Merci. Mais continue à me parler.

Quand un homme atteint ce degré de compréhension, il est réellement capable de compassion. Mais s'il est une chose qu'il ne doive surtout pas faire, c'est de tenter de se disculper. Sinon, elle commencera à se demander si, au fond, ce n'est quand même pas lui la cause de son mal-être et cela pourrait donner lieu à une nouvelle dispute. Quand un homme écoute une femme, il ne le fait pas pour se défendre mais pour lui permettre de se détendre. Si elle a la certitude de n'être ni jugée, ni condamnée, elle change aussitôt d'attitude et devient plus tendre, tolérante et positive.

De la même manière, quand une femme s'abstient de juger ou de condamner la mauvaise humeur d'un homme, celle-ci s'évanouit sitôt qu'il a l'occasion de lui être agréable. Si, au contraire, elle lui reproche sa conduite, il se trouvera toujours de bonnes raisons de grogner. De même, lorsqu'un homme se défend contre une réaction qu'il juge excessive, son manque de coopération ne fait qu'ajouter à l'exaspération de sa partenaire.

ÉVITER LES « MAIS... »

Soumise à une trop forte pression, une femme perd aisément le fil de sa réflexion. Dans cette situation, elle tend à multiplier les questions et son partenaire s'imagine qu'elle attend de lui des solutions. Au bout de deux minutes à peine, il croit savoir quel est son problème et comment y remédier.

Même si sa proposition lui paraît bonne, la femme continuera à parler de ce qui la préoccupe, émaillant son discours de nombreux « mais... » Rien de plus frustrant pour un homme : lui considère qu'elle devrait être soulagée de détenir la clé de son problème. Mais la femme fonctionne autrement que l'homme.

Celui-ci ne doit jamais perdre de vue qu'une femme ne peut restaurer son équilibre qu'au moyen de la parole. Dans ses moments de désarroi, elle n'est plus capable d'apprécier le bien-fondé d'une proposition – du reste, ce n'est pas ce qu'elle attend. Encore une chose qu'il a du mal à admettre : quand il parle de ses problèmes, c'est dans l'espoir qu'on lui fournisse une solution. Si c'est le cas, il se sent tout de suite mieux. Jugeant qu'elle ne rend pas un hommage suffisant à sa vaste intelligence, il ne peut qu'en être froissé.

Une autre différence explique que trop d'hommes considèrent les femmes comme des incompétentes : le plus souvent, un homme ne s'ouvre du problème qui l'occupe qu'après mûre réflexion. Dans son esprit, le seul fait de se confier équivaut à un aveu d'impuissance. Il ne s'y résout qu'à contrecœur : si quelqu'un trouvait une solution toute bête à son problème, il en mourrait de honte et se sentirait le dernier des imbéciles.

Mais quand une femme se met à parler, elle évoque parfois dix ou quinze problèmes différents avant d'entrevoir la véritable cause de son tracas. Elle peut alors se concentrer sur la meilleure façon d'en venir à bout. C'est pour cette raison qu'une femme n'hésite jamais à étaler ses difficultés au grand jour, sans être gênée de n'avoir aucune solution en vue. À l'écouter se dévoiler ainsi, un homme a le plus grand mal à se retenir de formuler à son encontre des jugements défavorables autant qu'inexacts.

UN FAISCEAU DE MÉPRISES

Quand une femme lui énumère tous ses motifs de préoccupations, son partenaire commet une première erreur en considérant qu'elle fait preuve d'une belle incompétence en se laissant ainsi déborder par des problèmes somme toute « mineurs ». Chez l'homme, le degré d'exaspération est proportionnel à la frustration qu'il éprouve à ne pouvoir régler son problème. Chez la femme, il dépend de la quantité de stress accumulée et du besoin qu'elle a de s'extérioriser.

L'homme se méprend également en pensant qu'une femme ne peut trouver le bonheur à moins d'avoir résolu tous ses problèmes. Comme il l'aime et désire la rendre heureuse, il croit y parvenir en lui fournissant des solutions. Mais à ses oreilles, ce catalogue de difficultés et de soucis sonne comme une litanie de plaintes, de reproches et de demandes. Il se sent agressé, comme si elle l'accusait nommément.

Sa frustration est d'autant plus grande qu'il a conscience de ne pouvoir tout résoudre. Il lui en veut alors d'accumuler ainsi les motifs de mécontentement, quand pour être heureuse il lui suffit de se savoir écoutée et comprise.

Plus son stress est important et plus une femme entrevoit de problèmes ; c'est pourquoi elle est si facilement inquiète. Nous avons vu que l'homme n'était pas à l'abri du souci. Simplement, il concentre son inquiétude sur un problème unique, quitte à minimiser les autres. Si on cherche alors à distraire son attention de ce qui l'absorbe, il résiste, proteste, ronchonne ou pique une crise.

C'est au tour de sa partenaire de mal interpréter sa réaction : elle pense qu'il ne l'aime plus ou qu'il juge ses demandes irrecevables. Mais passé son premier mouvement d'humeur, il admettra volontiers qu'elle ait besoin de son aide et sera tout à fait disposé à la lui accorder. De son côté, elle ne tardera pas à revenir à des sentiments plus justes et le lavera de tout soupçon d'égoïsme.

COMBATTRE LA TENDANCE À DRAMATISER

Quand une femme a tendance à dramatiser, il suffit pour qu'elle retrouve son équilibre que son partenaire lui manifeste son soutien et sa compréhension. Le meilleur moyen d'y parvenir est de la serrer fort dans ses bras. Les femmes adorent qu'on les tienne et les étreigne. Quand un homme ne sait plus quoi dire ni faire, il n'a qu'à respirer un grand coup, se détendre et laisser parler ses sentiments en prenant sa compagne dans ses bras. À l'opposé, une femme facilitera la tâche d'un homme en le laissant prendre de la distance et ronchonner tout son soûl.

Ce faisant, elle doit néanmoins lui laisser une chance d'être son héros. Trop souvent, elle renonce à faire appel à lui de peur de se heurter à une résistance. En agissant ainsi, elle ne fait que l'enfermer dans son rôle d'affreux égoïste.

De la même manière, un homme doit toujours veiller à ce que sa compagne se sente un être unique, digne de son amour. Quand elle lui fait part de ses soucis, il peut la rassurer avec des formules du style : « Tu es parfaitement dans ton droit. » Ou : « Tu as raison de penser ainsi. » En plus de compréhension, une femme a besoin d'estime, d'empathie et de respect.

Une femme a autant besoin de s'extérioriser qu'un homme de se retirer dans sa « grotte ». Quand un homme a clairement identifié son problème, il s'emploie à y remédier et se sent tout de suite mieux. Une femme doit d'abord sonder son cœur avant de trouver la cause de son tracas. Au lieu de chercher une solution, elle examine ses sentiments à la lumière des événements. Lorsqu'elle est parvenue à se situer clairement dans son environnement, elle devient capable d'assumer ses émotions et d'influer sur elles dans un sens positif.

Quand une femme démêle ses sentiments à voix haute et que son partenaire essaie de résoudre ses problèmes, il en déduit qu'elle n'est jamais satisfaite. Pire : il l'empêche de trouver son équilibre.

CE QUI DÉCONCERTE LES HOMMES

Quand un homme tente d'aider une femme, il ne laisse pas d'être déconcerté par les interrogations dont elle émaille son discours :

— À ton avis, pourquoi mon patron fait-il ça ?
— Comment pouvais-je savoir que… ?
— Comment ne comprend-elle pas que je cherche à lui rendre service ?
— Qu'est-ce que je vais bien pouvoir faire ?

— Mais pourquoi suis-je aussi énervée ?

— Qu'est-ce que je vais faire si ça doit arriver ?

Dans l'esprit de l'homme, toute question appelle automatiquement une réponse ou une explication. Mais tout ce qu'elle attend de lui, c'est une écoute bienveillante qui l'aide à analyser son trop-plein d'émotions. À bout de patience, il finit par se dire :

— Je ne peux quand même pas résoudre tous ses problèmes à sa place ! Qu'est-ce qu'elle attend de moi au juste ?

Pour une autre femme, la réponse serait évidente. Mais un homme a le plus grand mal à écouter sans agir – surtout quand on l'assaille de questions. Voici quelques « trucs » qui peuvent lui éviter de se sentir inactif :

1. Lui accorder toute son attention.

2. S'astreindre à ne rien dire qui puisse apparaître comme une solution.

3. L'encourager d'un murmure ou d'un signe de tête.

4. Dire : « Je comprends. » Attention toutefois à ne pas en abuser, ou elle aura l'impression que vous la prenez de haut : « Comment peut-il comprendre quand tout demeure si obscur pour moi ? »

5. Éviter de répondre à ses questions, celles-ci étant purement formelles. Si elle insiste, restez dans le vague : « Je ne suis pas sûr que... », « Cela demande réflexion » ou « Je n'ai pas de réponse toute prête. » Face à une femme énervée, mieux vaut rester dans la position de l'auditeur que de se lancer dans des explications.

S'il tente de résoudre son problème, il l'empêche en réalité d'analyser sa situation. Comme elle ne le suit pas dans ses conclusions, il commence à ronchonner et lui reproche de se mettre dans pareil état. Et quand elle oppose un « mais... » à ses suggestions, il a l'impression qu'elle l'éconduit.

En vérité, elle cherche seulement à lui dire :

— Je demeurerai dans cet état tant que je n'aurai pas fait le tour du problème. J'ai encore besoin de toi, mais n'espère pas que j'aille mieux tout de suite.

Mais il est bien incapable de décoder son message, persuadé qu'il est d'avoir tout compris. Il est déçu qu'elle ne souscrive pas à son analyse. Mais même s'il a vu juste, il ne sert à rien de le lui dire : c'est à elle de le découvrir.

Personne ne peut restaurer son équilibre à sa place. Néanmoins, un auditeur bienveillant peut lui servir de caisse de résonance en amplifiant les vibrations de son être intime.

Dans ce voyage qui la ramène vers son centre, la femme a grand besoin d'un compagnon de route. Encore faut-il que celui-ci comprenne qu'elle n'est pas à la recherche d'une solution.

À ce degré d'exaspération, si elle ne trouve pas le soutien dont elle a besoin, elle glisse alors vers le stade ultime du stress : l'épuisement.

RÉACTION FÉMININE N° 3 : L'ÉPUISEMENT

À force d'accumuler la tension, Denise peut très bien s'effondrer brutalement. Cette réaction est en fait un appel au secours, mais un homme en conclut automatiquement qu'il a échoué et ne peut plus rien pour elle.

Jusque-là, elle a pu donner l'impression de « tenir le coup » mais en l'espace d'une seconde, la voilà qui se décompose et devient hargneuse.

Un homme se sent très vulnérable face à une femme exténuée, car il lui est pénible de se dire qu'il n'a pas su l'aider. Il ne voit pas que son épuisement découle d'un déséquilibre et qu'il n'y peut rien : tout être humain est sujet à de tels déséquilibres, aussi bien secondé soit-il.

Ces accès de fatigue sont l'équivalent féminin du repliement masculin. L'un et l'autre phénomène suscitent les mêmes inquiétudes et erreurs d'interprétation chez l'autre sexe. Mais de même qu'un homme peut très vite sortir de sa retraite, une femme peut retrouver tout son tonus en un clin d'œil.

Métaphoriquement parlant, l'homme dispose d'une jauge de pression qui l'avertit de se reposer quand il dépense trop d'énergie. La femme ne possède rien de tel : plus la pression augmente, moins elle pense à elle. Pour éviter de se consumer tout à fait, elle doit se sentir écoutée et épaulée. En bref, elle a besoin d'un sérieux coup de main! Mais voyant quel fardeau elle trimballe, son partenaire craint de devoir l'endosser à son tour. Il redoute qu'elle n'ait plus l'énergie nécessaire pour assumer ses responsabilités. En cela, il se trompe lourdement : la vérité est qu'elle a simplement atteint la limite de ses forces. Pour la soulager, il suffirait qu'il la décharge d'une part de ses obligations, au moins provisoirement.

Quand une femme atteint sa limite, elle paraît complètement exténuée. Pourtant, elle n'a pas totalement épuisé son énergie. Mais tant qu'elle n'aura pas obtenu l'aide dont elle a besoin pour accomplir sa tâche, elle renoncera à puiser dans ses réserves.

LA GOUTTE D'EAU QUI FAIT DÉBORDER LE VASE

C'est quand une femme dépasse la limite de ses forces qu'elle s'effondre. Et pour que le vase déborde, il suffit parfois d'une goutte d'eau. Son partenaire peut lui être alors d'un grand secours en ayant la patience de l'écouter faire l'inventaire de ses multiples responsabilités et acceptant de recueillir quelques gouttes de son vase. Si l'amélioration n'est pas flagrante, au moins lui en est-elle reconnaissante et récupère-t-elle plus vite qu'il ne pouvait l'imaginer.

S'il répugne à la secourir quand il la voit dans cet état, c'est parce qu'il craint de devoir endosser la plus grosse part de son fardeau. En réalité, il suffirait qu'il prélève deux ou trois gouttes dans le vase pour que celui-ci ne menace plus de déborder et qu'elle reprenne des forces.

Cela n'est possible que parce qu'aux yeux d'une femme, les gouttes qui emplissent son vase sont toutes de la même grosseur. Quand un homme l'a compris, il lui est plus facile d'offrir son aide sans se croire la victime d'un chantage.

Mais la plupart du temps, il ne peut s'empêcher de lui faire la morale :

— Tu veux toujours en faire trop.
— Mais détends-toi donc un peu !
— Tout ça n'est pas si important.
— La belle affaire, si on arrive en retard !
— Arrête de te croire responsable de tout.

— Personne ne t'oblige à le faire.

— La vie n'est quand même pas si compliquée…

— Enfin, ressaisis-toi !

Loin de lui être d'un quelconque secours, ces conseils ne font que l'enfoncer un peu plus. À ses oreilles, ils sont aussi injurieux que peuvent l'être des remarques du style de : « Je te l'avais bien dit ! » ou : « Voilà ce qui arrive quand on ne voit pas plus loin que le bout de son nez » à celles d'un homme.

Parfois, celui-ci s'avère incapable d'écouter ou de témoigner de la tendresse à une femme épuisée. L'idée qu'elle cherche à le culpabiliser et/ou à se décharger de ses problèmes sur lui est trop bien ancrée dans son esprit. S'il est lui-même stressé, il peut alors se refermer en un éclair.

C'est pourquoi il est essentiel qu'une femme s'assure d'autres concours que celui de son partenaire. Il n'est pas raisonnable d'espérer qu'il réponde tout le temps à son attente, surtout en situation de stress. Pour ça, il faudrait qu'il soit un parfait modèle d'équilibre.

Quand deux personnes se sentent attirées l'une vers l'autre, c'est souvent que leurs blessures coïncident. Chacun réagit en fonction de l'autre : quand elle se plaint d'être débordée, il prend de la distance. Quand il se referme, elle se sent brusquement épuisée. Dans ces cas-là, le premier à reprendre pied devrait toujours avoir la force d'aider son partenaire à en faire autant.

POUR UNE RELATION ÉQUILIBRÉE

Tout ce qui précède ne vise à disculper personne, mais à ne plus se sentir blessé par les réactions de l'autre. Comme je l'ai maintes fois répété, même avec les meilleures intentions, il est facile de faire mal si on ignore combien l'autre est différent.

À cet égard, il est bon de rappeler que l'amour naît de ce qu'on se reconnaît dans le partenaire. Tant que persiste cette impression, chacun pourvoit spontanément aux besoins de l'autre. Ce don gratuit est la source d'une immense joie.

Mais quand l'amour cesse d'être une joie, quand il nécessite un effort, la confusion s'installe. Trop de gens confondent l'amour avec le besoin. Ceux-là prennent le problème à l'envers, croyant qu'être aimé consiste à voir tous ses désirs comblés. En réalité, une relation équilibrée doit profiter aux deux.

La vraie joie de l'amour consiste autant à partager les bons moments qu'à répondre aux besoins du partenaire. Lorsque l'un des deux est en situation de détresse et que l'autre ne vient pas à son secours, on peut affirmer sans crainte de se tromper que la détresse de ce dernier est au moins aussi grave que celle du premier.

On ne saurait exiger du partenaire qu'il nous relève à chaque fois que nous trébuchons. Il le peut parfois, mais pas toujours. Quand nous comptons trop sur les autres pour nous guérir ou nous transformer, nous leur rendons la tâche d'autant plus difficile.

CHAPITRE 7

TROUVER SON ÉQUILIBRE

Nous avons vu comment nos traits mâles et femelles influençaient notre perception des autres et de nous-mêmes ainsi que nos réactions au stress. Mieux on les identifie et plus on a de chances d'atteindre à l'équilibre. Quand celui-ci est rompu, le simple fait de l'admettre nous permet alors de progresser. Qu'on soit homme ou femme, la réalisation de nos aspirations repose en grande partie sur l'équilibre de nos tendances opposées.

Associés, rayonnement et convergence augmentent le potentiel créatif de l'individu. Une juste répartition entre activités et relations est en soi un gage de succès et d'épanouissement. Enfin, il est plus facile de distribuer son amour quand le cœur et l'esprit œuvrent de concert.

L'être humain n'atteint à l'équilibre que s'il accepte ses deux tendances mâles et femelles. Dans l'idéal, les choses devraient se passer ainsi :

En même temps qu'il développe ses qualités masculines, le petit garçon devrait pouvoir laisser s'épanouir son côté féminin. Ainsi, à l'âge adulte, il saurait harmoniser ses tendances opposées pour en tirer le meilleur profit.

Dans un environnement idéal, notre petit garçon – appelons-le Billy – a maintes occasions de voir son père apporter son soutien à sa mère. À travers son exemple, il apprend le respect de la féminité. À chaque fois qu'elle ploie sous son fardeau, son père, loin de l'ignorer ou la condamner, se montre compréhensif et plein d'égards. Billy apprend ainsi à écouter ses propres traits féminins.

En grandissant, il se sent encouragé à développer et exprimer simultanément ses deux tendances. Par exemple, nul ne lui reproche de pleurer ou d'extérioriser ses sentiments. Dans les moments de détresse, ni sa mère ni son père n'hésitent à le serrer dans leurs bras et à lui servir de confidents. Son père est fier de le voir conjuguer efficacité masculine et sensibilité féminine. Mieux, il prend le temps de s'adonner avec lui à quelque sport ou passe-temps et ne manque jamais une occasion de sortir avec lui ou de lui manifester de l'intérêt pour ses activités. Sans trop exiger de lui, il se réjouit de ses succès et compatit à ses échecs.

Dans cet environnement idéal, le petit garçon se sent apprécié pour ses qualités masculines et respecté pour ses qualités féminines. Chacun lui est reconnaissant de respecter les autres et de pourvoir à leurs besoins. Si, à l'inverse, sa tendance plus masculine l'incline à l'égocentrisme, sa mère ne lui en tient pas rigueur et lui pardonne volontiers ses incartades : parce qu'ils sont turbulents, les petits garçons hypermasculins ont besoin d'un maximum d'indulgence.

D'instinct, la mère idéale de Billy sait jusqu'où lui faire confiance et quand intervenir, tout en respectant son besoin d'indépendance. Elle le laisse faire ses expériences, consciente qu'un excès de protection pourrait saper sa confiance en lui. Elle l'accepte tel qu'il est et l'encourage à faire preuve d'initiative. Quand elle a besoin de son aide, elle la lui demande gentiment au lieu d'exiger ou de chercher à le culpabiliser.

Mieux, à travers l'amour qu'elle porte à son mari, elle favorise l'émergence de qualités viriles chez son fils. N'étant pas obligé de brider sa nature pour mériter l'amour maternel, celui-ci peut libérer ses tendances agressives en prenant des risques et en affirmant sa personnalité. Il ne s'entend pas reprocher son égoïsme, son indifférence ou son mauvais caractère. Surtout, il n'a pas à se distinguer de son père pour être aimé de sa mère. Son père personnifiant son côté masculin, l'amour et l'admiration qu'il lui voit témoigner par sa mère le confortent tout naturellement dans son identité mâle.

De la même manière, une petite fille devrait pouvoir développer ses caractères féminins dans le meilleur climat possible. En grandissant, elle prendrait peu à peu conscience de son énergie masculine et la laisserait s'exprimer pour son plus grand bénéfice.

Dans un environnement idéal, la petite Sharron a maintes occasions de voir sa mère manifester son soutien à son père. À son contact, elle apprend à aimer ses propres traits masculins. En même temps, son exemple l'encourage à assumer sa féminité. Quand le père de Sharron se montre grognon ou distant, sa mère l'accepte tel qu'il est, sans s'apitoyer sur elle-même. Elle sait faire preuve de clémence sans rien céder de sa personnalité. Sharron apprend ainsi à obtenir satisfaction sans recourir à la manipulation. En même temps, sa mère ne manque jamais de faire savoir à son père combien elle apprécie tout ce qu'il fait pour eux. Cet exemple lui donne confiance dans sa capacité toute masculine à contribuer au bien-être des autres.

En grandissant, elle se sent encouragée à analyser et développer simultanément ses deux tendances. Quand elle fait valoir ses ambitions, nul ne la critique ni ne la traite de mal élevée. Ses dons pour les mathématiques ne lui attirent que des louanges. Quand elle se montre précoce et déterminée, chacun la félicite pour sa force de caractère. Quand, à l'inverse, elle se sent plus vulnérable, chacun s'emploie à la rassurer. Sa mère consacre le temps nécessaire à l'écouter et à la réconforter.

Loin de l'engager à être une « grande fille », sa mère la laisse se développer à son rythme. Elle lui apprend aussi à respecter les limites : la mère de Sharron n'a rien d'une martyre, aussi sa générosité est-elle exempte de rancœur. Elle lui enseigne l'art de demander et d'exprimer sa contrariété. Ainsi, Sharron reste à l'écoute de ses sentiments.

Dans ce monde idéal, la petite fille se sent à la fois respectée pour sa douceur féminine et admirée pour son énergie masculine. Son agressivité, sa créativité y sont pleinement reconnues. Quand elle est câline et gracieuse, chacun la complimente. Mais elle sait qu'on l'aime même quand elle n'est pas gentille. Personne ne l'oblige à jouer la comédie du bonheur à plein temps. Quand elle flanche, personne ne la réprimande ni ne l'exhorte à grandir. Elle ne craint pas d'exprimer sa peur, sa colère ni de montrer ses larmes. Elle peut faire preuve d'égoïsme sans crainte d'être rejetée par ses parents.

Son père idéal veille à respecter ses désirs et ses sentiments. S'il l'accepte dans sa différence, il est toujours disposé à jouer avec elle et à satisfaire sa curiosité. Par ses questions, il lui prouve son intérêt pour ses activités. De même qu'il multiplie les petits cadeaux pour sa mère, il ne dédaigne pas de lui faire une surprise de temps en temps. Alors, elle se sent la personne la plus importante au monde. Une fois adulte, loin de chercher à contrôler les autres, elle sera toujours prête à leur accorder confiance et affection.

Sachant que les petites filles s'adressent facilement des reproches, son père prend bien soin de s'excuser quand il commet des erreurs ou lui cause quelque chagrin. En présence de son papa, Sharron exprime ses opinions, ses sentiments et ses désirs sans nulle crainte. Quand elle lui parle, il lui accorde toute son attention. Quand elle tend à dramatiser sa situation, au lieu de lui imposer le silence, il s'emploie à la réconforter sans exercer de pression sur elle. Grâce à lui, Sharron se sent jolie, aimable et elle n'hésite jamais à faire appel à lui. Il sait lui imposer des limites sans la rabaisser.

Plus important, à travers l'amour qu'il porte à sa mère, il favorise l'émergence de la féminité chez sa fille. Sharron n'éprouve pas le besoin de se distinguer d'elle ni de déguiser sa nature pour mériter l'amour paternel. Sa mère incarnant ses qualités féminines, l'amour et le respect qu'elle lui voit témoigner par son père la confortent dans son identité.

Les enfants élevés dans un tel climat d'amour et de respect ont la chance de pouvoir développer toutes les facettes de leur personnalité. Plus tard, grâce à l'interaction de leurs énergies mâles et femelles, ils seront plus à même de se réaliser dans les différents champs de leur existence. Cet équilibre interne se reflétera en particulier dans la qualité de leurs relations avec autrui.

L'IMPORTANCE DU REFOULEMENT

Bien sûr, peu d'entre nous ont bénéficié d'un environnement aussi idéal… La plupart du temps, quand le petit Billy voit sa mère rejeter son père, il se trouve confronté à un dilemme :

— Qui dois-je rejeter? Papa ou maman?

Et à chaque fois qu'il fait lui-même l'objet d'un rejet :

— Que faire? Me renier ou renoncer à être aimé?

Quand papa pique une colère après Sharron, qu'en pense celle-ci? Que c'est lui qui va mal ou qu'elle doit faire l'effort de lui ressembler?

Voyant papa faire du mal à maman, Billy va-t-il occulter ses qualités masculines?

Face à une mère faible et désemparée, Sharron va-t-elle réprimer sa féminité ?

Ces quelques exemples nous prouvent à quel point nous sommes déterminés par notre enfance. Pour survivre, chacun est obligé de sacrifier une part de lui-même en échange de plus d'amour, de liberté et de sécurité.

C'est ainsi que nous freinons l'émergence de certains aspects de notre personnalité. Si Billy réprime sa masculinité pour gagner l'amour de sa mère, ses qualités féminines auront plus de chances de se développer. Mais si ses camarades de classe se moquent de lui, ou s'il a l'impression d'être rejeté par son père, il refoulera également certaines de celles-ci. Durant leur croissance, les petits garçons alternent les périodes d'équilibre avec des pointes d'hypersensibilité, elles-mêmes balancées par des tendances « macho ».

Au cours de leur développement, les fillettes mettent en valeur certains aspects de leur personnalité au détriment de ceux qu'elles rejettent. En privilégiant ses qualités masculines, l'enfant acquiert plus de puissance et d'autonomie mais elle se coupe de son moi profond. Elle ressent alors un vide et une frustration qui peuvent l'amener à gommer ces mêmes caractères masculins. Non seulement elle demeure coupée d'elle-même, mais elle y perd une grande part de son énergie et de sa capacité d'action. Désormais incapable de se prendre en charge, elle devient totalement dépendante des autres, comme si elle était à nouveau une petite fille.

Quand un petit garçon refrène son énergie mâle, ses traits masculins demeurent à l'état latent. S'il souhaite plus tard les développer, cela n'ira pas sans efforts : c'est en étant agressif et en brisant des choses que l'enfant apprend peu à peu à respecter son environnement. Si cette agressivité longtemps contenue ne resurgit qu'à l'âge adulte, il est plus difficile de la canaliser.

De la même manière, une petite fille habituée dès son plus jeune âge à endosser le rôle de la maman (pour compenser l'absence ou la déficience de celle-ci) ressentira probablement un profond manque affectif à l'âge adulte : c'est là le prix à payer pour guérir du passé. Heureusement, ce phénomène temporaire, s'il peut se reproduire, s'estompe avec le temps. En assumant la petite fille qu'elle n'a pas été, en l'intégrant au champ de sa conscience, elle finira par réaliser son unité.

Il convient de noter qu'il est très facile de réprimer tel ou tel caractère en particulier, et ce, qu'il soit mâle ou femelle. Cela explique que des lecteurs – ou des lectrices – puissent se reconnaître indifféremment dans les exemples masculins et féminins que nous proposons ici.

LES PRÉJUGÉS SEXISTES

Faute de modèles appropriés, nous ne savons pas toujours très bien qui nous sommes. N'ayant pas appris à harmoniser nos énergies tant mâles que femelles, nous n'avons que trop tendance à nous conformer à des préjugés sexistes qui nous empêchent de donner la pleine mesure de nos possibilités.

En voici quelques-uns parmi les plus courants (et les plus pernicieux) :

1. Les femmes ont le cœur plus tendre que les hommes.
2. Les hommes ont une intelligence plus rationnelle que celle des femmes.
3. Les femmes sont plus positives, les hommes plus destructeurs.
4. Les femmes sont faibles et les hommes forts.
5. Les femmes sont soumises et les hommes dominateurs.
6. Les hommes sont plus indépendants que les femmes.
7. Le sexe de la personne détermine sa place dans la société.

Ces préjugés généraux en engendrent des centaines d'autres tels que : « La place de l'homme est à l'extérieur et celle de la femme, à la maison » ou : « Les hommes font de meilleurs docteurs et les femmes de meilleures infirmières. »
Ces affirmations discriminatoires sont d'une réelle portée car elles tendent à réduire notre potentiel. Or, si le sexe de la personne influence bien l'expression de celui-ci, il ne détermine en rien ce que nous sommes.

Le potentiel de la personne transcende les différences liées au sexe. En puissance, nous sommes tous doués de :

1. volonté
2. intelligence
3. créativité
4. amour

5. force
6. détermination
7. autonomie

Ces qualités sont distribuées à chacun dans des proportions composant un mélange unique. Bien sûr, nous avons tous nos limites, mais celles-ci ne dépendent pas de notre sexe. C'est une erreur de croire que celui-ci détermine notre degré d'affection, d'ambition ou de compréhension. Rien de tel pour enfermer les gens dans des catégories imaginaires et les empêcher de montrer qui ils sont et de quoi ils sont capables.

LE VÉRITABLE SENS DE L'ÉGALITÉ

L'homme et la femme naissent égaux et par essence semblables. Tous deux sont doués d'intelligence et d'affect. Seule les différencie la manière dont s'exprime leur potentiel.

L'amour est notre plus grande force. Chaque personne est unique, jusque dans ce qu'elle a à offrir. Il est malheureux que nous croyions devoir nous conformer aux autres pour les égaler. C'est dans le respect et l'appréciation de nos différences que se révèlent et s'épanouissent nos dons propres. Si nous sommes tous différents, nous n'en sommes pas moins étroitement liés : pour donner notre pleine mesure, il importe que nous soyons conscients de cette interdépendance.

La connaissance de soi, la foi en ses capacités sont des trésors inestimables. La clé du coffre réside dans l'exploitation de nos énergies tant mâles que femelles, ouvrant sur davantage de compréhension, de confiance, de sérénité et de bonheur.

La méconnaissance de ces principes rend l'amour très difficile. Trop souvent, nous gâchons nos efforts alors même que nous croyons agir dans notre intérêt ou celui d'autrui.

CHAPITRE 8

POURQUOI LES FEMMES
SE SENTENT MAL AIMÉES

Souvent, quand une femme se plaint d'être mal aimée, son compagnon se demande ce qui lui prend :

— Comment peut-elle dire ça, pense-t-il, avec tout ce que je fais pour elle ?

Parce qu'il lui rapporte de l'argent, s'emploie à développer son affaire et l'emmène de temps en temps au cinéma, il ne comprend vraiment pas d'où lui vient cette impression.

Nous allons voir au moyen d'un exemple comment les différences entre sexes peuvent induire pareilles confusions.

CONSCIENCE MASCULINE/
CONSCIENCE FÉMININE

John (entraîneur d'une équipe de football) ne peut se concentrer que sur un objectif à la fois. En homme qu'il est, il s'attache à tout ce qui peut l'aider à atteindre celui-ci, au détriment du reste. Son champ de conscience se limite alors à l'espace qui le sépare de son but.

Quand son attention se porte sur un nouvel objet, sa conscience subit une réorganisation totale. Toutefois, elle demeure axée sur un point unique.

Faute d'un bon équilibre entre ses tendances mâles et femelles, chacun de ces revirements se traduit par une occultation de tout ce qui ne concerne pas son nouvel objectif. Il peut oublier ce qu'il faisait la minute d'avant, si cela n'a rien à voir avec ses nouvelles préoccupations.

Plus John croit progresser vers son but, plus il grandit dans sa propre estime. Chez lui, image de soi et perception de son environnement sont étroitement liées. John s'identifie à ses actions. On pourrait presque dire qu'il n'a conscience d'exister que lorsqu'il est occupé.

Sa femme Pam est dotée d'une sensibilité toute différente : quand elle considère la cible de John, elle se demande quelles seront ses incidences sur la santé de celui-ci ainsi que sur leur vie de famille. Elle envisage aussi bien les conséquences d'un échec que d'un succès. Quand John pense au moyen d'atteindre son but, Pam songe d'abord aux implications.

La conscience rayonnante de Pam lui permet de voir toutes les ramifications d'une situation. Faute de comprendre le fonctionnement de John, elle conclut un peu vite qu'il se moque d'elle et de leurs enfants à chaque fois qu'il prend une décision sans en mesurer l'impact sur leur vie de famille. Parce qu'elle les aime, elle songerait d'abord à l'intérêt des siens. Aussi pense-t-elle à tort que John ne partage pas son souci.

QUAND UNE FEMME VOUE SA VIE À SON MARI

Tous les ans à la mi-août, John commence à mettre la pression sur son équipe en vue de la rentrée. Durant une bonne moitié de l'année scolaire, son temps se partage entre l'entraînement, le visionnage des cassettes des matches de son équipe et le soutien scolaire à son buteur vedette !

La saison achevée, il suit avec attention les rencontres des équipes mineures pour y repérer des éléments prometteurs. Au début de l'été, il trouve enfin le temps de se détendre, mais il lui faut déjà songer à la saison prochaine...

À force de payer de sa personne, John est maintenant sûr de tenir une équipe gagnante. Il compte fermement sur une titularisation qui lui assurerait un revenu confortable pour de nombreuses années.

Pendant ce temps, Pam reste à la maison pour s'occuper des enfants et seconder le plus efficacement possible son mari. Le matin, elle lui prépare un petit-déjeuner énergétique qu'il engloutit avant de foncer au travail. À table, elle s'emploie à lui servir ses plats préférés (quand l'entraînement se prolonge, John est en retard pour dîner). Elle veille à ce que les enfants le laissent se reposer quand il rentre et évite de l'ennuyer avec des questions pratiques.

Elle fait en sorte qu'il ait des vêtements toujours propres et bien repassés, en insistant particulièrement sur les taches laissées par la pelouse. Elle recueille ses confidences sur la marche de l'équipe et l'a plus d'une fois aidé à comprendre la psychologie d'un joueur récalcitrant. Bien sûr, elle assiste à tous les matches – ce sont d'ailleurs les seules occasions qu'ils ont de sortir ensemble.

DES TORTS PARTAGÉS

Comme on pouvait s'y attendre, des tensions vont se faire jour entre Pam et John. À première vue, il paraît tentant d'en rejeter toute la responsabilité sur ce dernier. En réalité, l'un et l'autre n'ont fait que suivre leur pente naturelle : John n'a aucune conscience du problème et Pam ne comprend pas que sa façon de traiter celui-ci ne peut que l'aggraver.

À la longue, Pam finit par ne plus très bien savoir qui elle est ni ce qu'elle veut. En son for intérieur, elle reproche à John de ne pas être plus attentif à ses besoins. Au début, celui-ci est trop concentré sur son objectif pour s'en rendre compte, puis un jour il tombe des nues : la frustration de Pam lui avait totalement échappé, en partie parce qu'elle ne lui avait jamais exprimé ses désirs. Elle était persuadée de l'avoir fait, mais d'une manière telle qu'il ne pouvait l'entendre.

Au début de la nouvelle saison, Pam fait encore bonne figure à John. Au bout de quelques semaines, comme il ne semble pas remarquer ni apprécier ses efforts, la rancœur s'installe en elle. Elle commence à se plaindre qu'il ne fait rien à la maison. Quelquefois, il lui dit de ne pas tant s'en faire; d'autres fois, il promet d'y remédier puis il oublie. De temps en temps, elle lui souffle qu'il devrait consacrer plus de temps à leurs enfants. Il acquiesce distraitement en assurant qu'il en tiendra compte.

Pam en conçoit de la frustration. Au début, elle s'attache encore plus à devancer les besoins de son mari. Mais il ne le remarque même pas, tout absorbé qu'il est.

À la fin, Pam n'y tient plus et elle explose, accusant John de ne pas savoir l'aimer. Piqué au vif, il lui fait valoir qu'il travaille dur pour nourrir leur famille. Comme elle insiste, il l'accuse d'exagérer, voire de dérailler.

COMMENT EXPRIMER SES ÉMOTIONS NÉGATIVES AVEC AMOUR

Pam ne comprend pas que ses efforts pour aimer et soutenir son mari n'ont fait que masquer sa colère, sa tristesse, sa frustration et sa déception. À force de s'accumuler, ces émotions négatives ont fini par trouver un exutoire dans le rejet de son partenaire : « Voilà tout ce que j'ai fait pour toi. Je t'aime, moi. Mais toi, tu ne m'aimes pas. »

Faute de savoir concilier ses émotions négatives avec une attitude aimante, Pam oscille constamment entre deux extrêmes : soit elle fait taire son ressentiment afin d'être aimée, soit elle l'exprime d'un bloc en oubliant son amour.

Ni l'une ni l'autre formule ne sont valables. À moins de lui faire connaître ses sentiments, elle ne doit pas s'attendre à ce que John l'aide à résoudre ses problèmes. S'il la sent aigrie, méfiante, méprisante ou intraitable, il renoncera à l'écouter. Et si elle fait semblant d'être tendre, comblée et tolérante, il en retirera l'impression que tout va bien et restera axé sur son travail.

Pam doit s'entraîner à exprimer ses émotions négatives avant que celles-ci s'accumulent. De son côté, John doit s'entraîner à prêter l'oreille à ses sentiments. Quand la communication verbale a échoué, il reste le recours d'écrire. Le meilleur moyen d'exprimer ses émotions négatives avec amour est de les coucher sur le papier afin de les lire plus tard au partenaire.

Je reviendrai sur la technique de la « lettre d'amour » dans le chapitre 13. Si ce moyen échoue lui aussi, c'est qu'il est temps de faire appel à un thérapeute ou un conseiller conjugal.

Tant que John ne fera pas l'effort d'écouter Pam et que celle-ci n'aura pas appris à s'exprimer sans aigreur, chacun continuera de camper sur ses positions.

COMMENT PAM PEUT CHANGER

Tant qu'elle n'aura pas réalisé qu'il ne tient qu'à elle de faire connaître ses besoins et ses désirs, Pam se sentira toujours mal aimée. Mais pour assumer cette responsabilité, il lui faut d'abord admettre qu'un homme ne fonctionne pas comme une femme.

Parce qu'elle ne perd jamais de vue les besoins de ceux qu'elle aime, Pam ne conçoit pas que John puisse la négliger tout en prétendant l'aimer. De son point de vue, l'amour consiste à se mettre tout entière au service de l'autre. Si ce don total n'est pas payé de retour, elle en déduit qu'on ne l'aime pas.

Au lieu d'exprimer ses désirs, elle s'ingénie alors à se rendre plus digne d'amour en donnant encore plus et en ravalant ses griefs. Mais s'il est toujours bon de donner, encore faut-il savoir recevoir.

Pam se croit forte et autonome. Mais moins elle est apte à recevoir, plus John se détourne d'elle. Devenant moins réceptive, elle se durcit et perd progressivement les qualités féminines qui avaient attiré John. À force de refouler ses émotions, elle se coupe peu à peu de sa vraie nature, faite de douceur, de confiance et de reconnaissance. Tout axé qu'il est sur son travail, John ne s'aperçoit même pas du changement.

SYMPTÔMES ET REMÈDES

Madame, quand une relation atteint un seuil critique, il est des signes qui ne doivent pas vous tromper :

1. Votre partenaire oublie régulièrement de faire ce que vous lui demandez.

2. Vous hésitez à faire appel à lui.

3. Vous estimez que votre partenaire n'en fait pas assez.

4. Loin de donner libre cours à vos émotions, vous vous employez à les dissimuler.

5. Un rien vous contrarie mais jamais vous n'abordez les problèmes de fond.

6. Votre partenaire ne semble plus autant attiré par vous et cela vous est égal.

7. Vous lui en voulez de ne pas donner autant que vous.

8. Vous vous dites que vous seriez plus heureuse s'il voulait bien changer.

9. Vous vous reprochez de ne pas être heureuse.

La plupart des femmes ont eu l'occasion de rencontrer l'un ou l'autre de ces symptômes au cours de leur vie de couple. C'est bien naturel, surtout quand on ignore à quel point les sexes peuvent être différents.

Voici les remèdes que je vous suggère :

1. Faites-vous à l'idée qu'il est différent de vous et n'hésitez jamais à réclamer de l'aide.

2. Quand quelque chose vous contrarie, dites-le-lui. Mais surtout, faites alterner les revendications avec les marques de confiance et d'admiration.

3. Quand vous le mettez au courant de vos problèmes, répétez-lui souvent qu'il n'est en rien fautif et que vous lui êtes reconnaissante de vous écouter.

4. Quand vous sentez l'amertume vous gagner, parlez à une amie ou pratiquez la technique de la lettre d'amour (voir chapitre 13). N'engagez de discussion que lorsque vous serez revenue à des sentiments plus cléments.

5. Prenez l'habitude de faire appel à lui. S'il refuse parfois, surtout ne vous en formalisez pas : laissez-le vous aider comme il l'entend.

6. Ne croyez pas que tout vous soit dû. Au contraire, montrez-vous reconnaissante de tout ce qu'il fait pour vous.

7. Prenez soin de vous avant de prendre soin de lui. Si vous êtes fatiguée ou stressée, ne vous imposez pas d'en faire encore plus. Au contraire, faites-en moins pour qu'il sache que vous avez besoin d'aide.

8. S'il vous propose de dîner au restaurant ou de prendre quelques jours de congé ensemble, évitez de critiquer ou de vouloir modifier son projet.

9. Créez ou adhérez à un groupe de discussion féminin. Une fois par semaine, réunissez-vous pour lire ensemble des passages de cet ouvrage et confronter vos expériences.

10. Devenez l'amie d'une personne heureuse en ménage. Si c'est impossible, recourez à un thérapeute.

11. Lisez cet ouvrage avec votre partenaire et discutez-en ensemble. Apprenez à décoder et à respecter ses réactions. Pour qu'il vous comprenne mieux, faites-lui part de vos propres sentiments.

COMMENT JOHN PEUT CHANGER

Pour changer, John doit savoir que Pam a besoin de lui pour analyser ses sentiments. Il lui faut admettre qu'elle puisse ignorer ses propres besoins. Quand il l'aura aidée à les découvrir, il s'investira plus volontiers dans leur relation.

Souvent, les hommes se détournent de leur partenaire sans même en avoir conscience. Simplement, ils préfèrent s'investir dans leur travail ou leurs loisirs que dans leur relation de couple.

Messieurs, voici des signes qui devraient vous alarmer :

1. Vous êtes pris par votre travail au point d'oublier régulièrement de faire les courses qu'elle vous a demandé.

2. Vous lui aviez promis de faire quelques aménagements dans la maison, mais vous vous êtes laissé distraire par d'autres projets.

3. Il vous semble qu'elle a tort de réagir comme elle le fait. D'ailleurs, vous ne vous gênez pas pour le lui dire.

4. Vous ne comprenez pas qu'elle attache tant d'importance à des broutilles.

5. Quand vous songez à votre travail ou regardez la télé, vous n'écoutez que d'une oreille ce que vous disent votre femme ou vos enfants.

6. Dès qu'elle essaie de vous parler, vous vous butez ou bien vous perdez patience.

7. Vous n'avez plus la même attirance sexuelle pour votre partenaire.

Il n'y a pas d'homme sur terre qui n'ait déjà ressenti l'un ou l'autre de ces symptômes. Tous ces exemples traduisent un état de conscience convergente. Celle-ci n'est pas mauvaise en soi. Sans concentration, on ne saurait accomplir quoi que ce soit. Mais un excès de concentration amène à négliger les besoins des autres.

Pour prévenir cet inconvénient, l'homme doit veiller à s'ouvrir à sa partenaire et à écouter celle-ci. Or, un homme trop occupé supporte mal de devoir prêter l'oreille aux sentiments d'autrui. Pour s'éviter ce stress, il peut inviter sa partenaire à coucher ses confidences par écrit et en prendre connaissance plus tard.

L'INTIMITÉ PROGRAMMÉE

Pour ce faire, il peut être nécessaire de programmer des moments d'intimité. Durant ceux-ci, John lira tout haut la lettre où Pam lui aura exprimé ses sentiments. Cet exercice portera d'autant mieux ses fruits qu'elle aura appris à traduire ses revendications avec tendresse et sans amertume. En plus de cette lettre, Pam aura pris soin de rédiger la réponse qu'elle souhaiterait recevoir – cela pour s'assurer que John a bien compris quels étaient ses besoins.

John sachant mieux écouter, Pam sachant mieux s'exprimer, tous deux y gagneront en équilibre et en sérénité. Peu à peu, ils apprendront à communiquer sans forcément recourir à l'écriture. À la longue, John parviendra à oublier son travail pour mieux se détendre et jouir des moments passés avec sa femme. De son côté, Pam saura exprimer ses désirs sans donner l'impression d'exiger ou de critiquer.

Amie lectrice, pour mieux recevoir, il est important que vous preniez conscience de vos vrais besoins et sachiez reconnaître ceux de votre partenaire. Pour cela, vous pouvez souligner les passages de ce livre qui vous correspondent et lui demander d'en faire autant de son côté.

Dans le chapitre suivant, nous verrons comment rassurer une femme sur les sentiments qu'on lui porte et l'aide qu'on est prêt à lui fournir.

CHAPITRE 9

LE SECRET D'UNE RELATION
MUTUELLEMENT SATISFAISANTE

Dans l'esprit d'un homme, une femme comblée n'a aucune raison de cesser de l'être : une fois qu'il lui a prouvé son amour, il n'estime pas nécessaire de le lui rappeler ni de la rassurer sur ses sentiments.

Rien n'est plus éloigné de la réalité féminine : une femme a besoin de s'entendre répéter qu'elle est unique et digne d'amour. Si l'homme se rassure en recueillant les fruits de son travail, la femme trouve son plus grand réconfort dans sa vie amoureuse.

Quand un homme essuie un revers professionnel, il se prend à douter de sa valeur. Chez la femme, le doute naît plutôt du désintérêt du partenaire. Pour se sentir aimée, il lui faut des signes, des symboles et de constantes assurances verbales. L'homme aussi aime à être rassuré mais la plupart du temps, il l'ignore : le seul fait que son couple tienne le conforte dans ses certitudes. S'il voit sa femme heureuse, il se sent pousser des ailes alors que celle-ci a besoin d'attentions réitérées.

Dès lors qu'un homme vit en couple, il ne conçoit même pas que sa compagne puisse le quitter. Dans ses moments d'inquiétude, il trouve l'apaisement dans ses succès professionnels. Cela explique qu'il ait du mal à admettre qu'une femme ait tant besoin d'être rassurée.

— Même si je travaille beaucoup ces temps-ci, pense-t-il, elle doit se douter que je l'aime et l'aimerai toujours, à moins que je lui dise le contraire.

Pour une femme, ce type de raisonnement est aussi absurde que peut l'être le suivant pour un homme :

— Même s'il est fauché pour le moment, il sera à nouveau riche un jour, puisqu'il l'était avant la faillite de sa société.

Ou bien :

— Même s'il a été éliminé dès le premier tour, il reste un champion puisqu'une fois, il a remporté un tournoi de tennis.

Si l'échec sape la confiance de l'homme, le fait de rebondir renforce celle-ci. C'est en essuyant des revers qui l'obligent à se reconstruire que l'homme « muscle » son amour-propre.

La femme doute d'elle-même dès lors que son partenaire l'ignore ou s'éloigne. Cette expérience pénible l'oblige à se recentrer et à se réaliser en dehors du cadre relationnel. Toutefois, pour la rétablir totalement dans son estime, il est essentiel que son partenaire veille à la rassurer.

Mais si elle vient le trouver le reproche à la bouche, il est à craindre qu'il rechigne à s'exécuter. Dans le chapitre 13, je vous initierai à la technique de la « lettre d'amour » qui vous apprendra à demander un soutien affectif sans froisser votre partenaire.

DES ASSURANCES VERBALES

Une femme a besoin de s'entendre dire « Je t'aime », et ce, de façon répétée.

Il arrive qu'un homme cesse de dire « Je t'aime » de crainte de lasser sa compagne. Pourtant, ces trois mots ne sont jamais redondants. Plus il les répétera, mieux elle percevra son amour. Pour comprendre cela, il n'a qu'à les comparer à un autre mot qu'il n'est jamais las d'entendre : « Merci. »

Il est une autre expression agréable aux oreilles féminines : « Je comprends. » Mais pour qu'elle soit efficace, encore faut-il qu'elle soit sincère. Quand un homme lui dit : « Je comprends », une femme a l'assurance d'avoir été entendue, de même qu'un homme sait pouvoir compter sur l'approbation d'un interlocuteur quand celui-ci lui dit : « Ça tombe sous le sens. »

LES SYMBOLES DE L'AMOUR

Une femme aime que l'amour s'exprime par symboles. Pour elle, quand un homme lui offre un bouquet de fleurs, c'est un hommage rendu à sa beauté ainsi qu'une preuve tangible et toujours renouvelée de son amour. Quel dommage que les hommes, craignant de lasser, cessent trop vite d'en offrir !

Cadeau de prix ou minuscule babiole, peu importe : le moindre présent lui prouve qu'elle est une personne d'exception, digne d'un traitement d'exception.

Les billets tendres aussi ont leur importance. Pour rassurer, ils n'ont pas besoin d'être originaux ni inspirés : du moment qu'ils expriment des sentiments sincères, ils atteignent toujours leur but : « Je t'aime », « Tu me manques », « Tu es le soleil de ma vie »...

Ces petits mots peuvent être adressés seuls ou accompagnés d'une fleur ou d'un petit cadeau. Au lieu de les donner de la main à la main, ingéniez-vous à les cacher pour faire une surprise à leur destinataire : résultat garanti ! Vous pouvez aussi lui passer des petits coups de fil à l'improviste, juste pour lui dire que vous l'aimez.

Tous les hommes savent cela et le font spontanément dans les premiers temps d'un amour. Puis ils cessent, de peur de se répéter ou parce qu'ils n'en voient plus l'utilité.

QUAND LES PREUVES D'AMOUR
SE FONT PLUS RARES

Quand son partenaire ne lui accorde plus la même attention qu'au début de leur relation, une femme en conclut qu'il n'est pas heureux et l'aime moins. C'est mal comprendre la psychologie masculine. En soi, *la qualité d'attention n'est pas une preuve d'amour très importante.*

Un exemple :

Quand Phil et Ann sont venus me consulter, cette dernière se plaignait de ce qu'il ne l'aimait plus. Phil était complètement désemparé : il était sûr de l'aimer et ne comprenait pas qu'elle ne le sache pas.

Très vite, il a commencé à saisir que le « Tu ne m'aimes plus » d'Ann signifiait en réalité : « Tu as changé d'attitude envers moi. »

Comme il réclamait des précisions, j'ai demandé à Ann de fermer les yeux et de nous dire ce qu'elle éprouvait autrefois, quand elle était sûre de l'amour de Phil. Après un temps de réflexion, elle a répondu :

— Son amour me tenait chaud, j'étais heureuse, je me sentais unique au monde. J'étais sereine, joyeuse, je me sentais libre, désirée, en sécurité… Bref, j'étais comblée.

Et comme je lui demandais d'approfondir :

— Je me sentais douce, vulnérable, délicate, tendre, admirative, confiante, digne d'attention.

Puis je lui demandai :

— Quand vous vous sentez ainsi, de quoi lui êtes-vous le plus reconnaissante ?

— Je lui suis reconnaissante du sentiment qu'il me donne d'être aimée et de la place que j'occupe dans son existence. Je lui suis reconnaissante du respect qu'il me témoigne, et aussi de prendre la peine de m'écouter et de me consoler quand j'en ai besoin. Je lui suis reconnaissante de me faire participer à ses activités. Quand il me voit triste, il prend le temps de m'écouter et me serre dans ses bras – comme je me sens bien alors ! Quand je sors de chez le coiffeur ou porte un nouveau vêtement, j'aime qu'il m'en fasse la remarque et me complimente. J'aime qu'il exprime l'envie d'être avec moi, qu'il me surprenne avec un mot tendre ou un petit cadeau. Quand il est en déplacement, j'aime qu'il me téléphone et me laisse un numéro où je puisse le joindre. Et quand il va au-devant de mes désirs, alors j'ai la certitude qu'il reste avec moi par amour, et pas seulement pour les avantages qu'il en retire.

Pendant qu'elle parlait, des larmes s'étaient mises à couler sur les joues de Phil. Quand elle eut terminé, il dit :

— En t'écoutant, il m'est revenu plein de souvenirs heureux et j'ai réalisé combien les choses avaient changé au fil des ans. Jusqu'ici, je ne m'en étais jamais aperçu.

Et serrant sa femme contre lui, il ajouta :

— Toi aussi, tu m'as manqué.

Jusque-là, Phil était trop occupé pour se rappeler combien il était doux de faire du bien à sa femme. D'un coup, il venait de reprendre conscience de l'importance de son amour et du prix qu'elle avait pour lui.

Ce jour-là, Phil a appris que lorsqu'une femme ne se sent pas aimée, ce n'est pas une affabulation mais bien le signe que ses besoins ne sont pas satisfaits.

Quand un homme cesse de se soucier des besoins de sa partenaire, les deux courent le risque d'oublier le plus important : leur amour. La femme ressent un manque. De quoi ? Elle ne le sait pas au juste mais très vite, elle va l'imputer à son compagnon.

Mais s'il daigne l'entendre, les deux ont tout à y gagner. En avouant à Phil combien son amour lui était essentiel, Ann lui a rendu l'envie de la soutenir. De son côté, se sentant accepté et admiré, Phil a repris confiance en ses capacités.

DE L'IMPORTANCE DES « BROUTILLES »

Avant d'avoir mesuré combien la sensibilité féminine différait de la mienne, j'admettais mal que ma femme s'énerve quand j'oubliais ce que je qualifiais de broutilles : rapporter un journal à la maison, aller chercher du linge au pressing, réparer une fenêtre, repeindre le placard de la cuisine ou lui signaler que nous étions invités à une soirée. À mes yeux, tout cela ne pesait rien en regard de ma sincérité, ma fidélité, l'argent que je rapportais au foyer, les traites que je payais et ma solide présence pour parer aux éventualités...

Mais la moindre étourderie de ma part la mettait hors d'elle et elle me reprochait alors de ne plus l'aimer. Pour ma part, je ne voyais pas en quoi le fait d'oublier d'acheter le journal était un signe de désaffection !

J'ai fini par comprendre que de son point de vue, toutes ces « broutilles » avaient valeur de preuve d'amour, en cela qu'elles répondaient à certains de ses besoins. Aussi lui était-il difficile de ne pas imputer mes oublis au désintérêt. En les traitant de broutilles, c'était *elle* que je semblais mépriser !

J'ai ainsi découvert un moyen imparable de rassurer ma femme sur mon amour : puisqu'elle est la personne qui compte le plus à mes yeux, le fait d'accorder tous mes soins à ces petits riens me permet de ne jamais perdre de vue ses besoins. Une fois admis le caractère légitime de ses revendications, il m'est plus facile de mobiliser mon énergie pour apporter une solution à son problème.

Sachant en quoi mes étourderies peuvent l'affecter, je ne me sens plus le droit de lui reprocher son énervement. De son côté, connaissant ma tendance très masculine à l'excès de concentration, elle réagit moins vivement.

Beaucoup de femmes ont honte de l'importance qu'elles accordent à des « broutilles ». Pourtant, si les hommes en étaient conscients, on compterait davantage de femmes heureuses.

DES HOMMES PLUS CRÉATIFS

En prenant l'habitude de satisfaire les envies et attentes de ma femme, j'ai découvert que le fait de me consacrer à des tâches annexes me donnait l'énergie pour en exécuter d'autres, trop longtemps ajournées. En déplaçant mon attention, j'évite ainsi de trop me laisser absorber.

Ces déplacements d'attention peuvent s'avérer très efficaces quand il s'agit de résoudre un problème : après avoir tourné et retourné celui-ci dans tous les sens, il suffit parfois de diriger son esprit sur un objet moins susceptible de l'accaparer (par exemple, une des « broutilles » que vous réclame votre compagne) pour que la solution se présente d'elle-même, quand on n'y songeait même plus.

LES FEMMES AIMENT
QU'ON LES TRAITE AVEC ÉGARDS

Une femme aime faire l'objet d'un traitement particulier de la part de l'homme de sa vie. Cela, je l'ai appris à mes dépens, un jour que ma femme et moi recevions toute la famille. Bonnie s'était occupée de tout préparer pendant que j'étais au bureau. À mon retour, j'étais très fier de ne pas m'être laissé accaparer par mon travail au point d'oublier le caméscope.

Le temps que je rentre, tous les invités étaient arrivés. Je me suis rendu tout droit au salon pour installer le caméscope et les projecteurs. Quelques minutes plus tard, les enfants ont déboulé dans la pièce pour me faire fête. Peu à peu, tous les membres de la famille sont venus me voir pour m'embrasser et échanger quelques mots tandis que je m'occupais de mon matériel.

Quand j'ai eu terminé, je suis allé trouver ma femme Bonnie à la cuisine. Je m'attendais à ce qu'elle me félicite d'avoir non seulement pensé au caméscope, mais encore de l'avoir installé. Au lieu de quoi, elle s'est montrée très distante. En fait, elle m'en voulait de ne pas être venu la trouver avant toute chose. Imaginez mon étonnement : de mon point de vue masculin, si elle avait voulu me parler, elle n'avait qu'à me rejoindre au salon !

Plus tard, en en reparlant, elle m'a avoué qu'elle avait eu l'impression que je l'ignorais délibérément et en avait été blessée. Dans son esprit, j'aurais dû commencer par l'embrasser avant d'aller saluer les autres puis de m'occuper du caméscope. Mon intérêt exclusif pour ce dernier signifiait peu ou prou qu'il était plus important à mes yeux que nos invités et elle-même.

LA LOGIQUE DU CŒUR

J'aurais pu contre-attaquer en l'accusant d'être déraisonnable ou trop exigeante. Mais selon la logique du cœur, son raisonnement se tenait parfaitement. Moi-même, je suis toujours heureux de voir Bonnie ou les enfants m'accueillir avec effusions. Alors, je me sens un être exceptionnel. Aussi, pourquoi priverais-je mon épouse de ce plaisir ?

Une femme n'est jamais sûre d'occuper une place de premier plan dans la vie d'un homme. Si celui-ci omet de le lui dire et de le lui prouver, elle peut voir un rival dans un simple caméscope. L'homme ne comprend même pas qu'elle puisse douter de son amour. La vérité est qu'elle a besoin de se l'entendre constamment réaffirmer.

En même temps que je prenais conscience de cette différence, j'ai compris qu'il m'était facile de donner à mon épouse les marques de considération qu'elle attendait. Depuis lors, la première chose que je fasse en rentrant à la maison est d'aller embrasser Bonnie et de lui demander comment s'est passée sa journée.

Lorsqu'elle me rend visite sur le lieu d'un séminaire, c'est toujours vers elle que je me dirige en premier. Autrefois, je donnais plutôt la préférence aux personnes qui attendaient pour me parler. Mais cette attitude, pour courtoise qu'elle soit, est vécue par une femme comme une marque de désintérêt. Pour rassurer une femme sur sa valeur unique, accordez-lui toujours la première place et ne lui ménagez pas vos égards. Une femme n'est jamais lasse de recevoir des preuves d'amour.

COMMENT RASSURER
UNE FEMME SUR SON AMOUR

La plupart des hommes s'imaginent qu'il leur suffit de paraître toujours contents pour rassurer leur femme. En réalité, c'est tout le contraire : quand un homme affiche toujours la même satisfaction, sa femme considère qu'il traite leur relation – elle-même – trop à la légère.

En règle générale, un homme réserve le gros de ses efforts aux problèmes qu'il rencontre dans son travail. Comme il fait suivre ceux-ci à la maison, sa femme en déduit qu'elle lui importe moins que sa carrière. Mais s'il parvient à lui dire ses frustrations et ce qui le gêne dans leurs relations, elle en retire l'impression qu'il a besoin d'elle : une femme n'est jamais aussi consciente de sa valeur que lorsqu'on apprécie et sollicite son soutien affectif.

Jean (36 ans) se plaignait de ce que son mari Paul (43 ans, médecin réputé) n'avait pas d'estime pour elle. À première vue, Jean était tout le contraire d'une femme d'intérieur. Paul supportait mal qu'elle n'accorde pas plus de soin aux tâches domestiques quand lui travaillait dur à l'extérieur.

Je demandai son point de vue à Jean :

— Je n'ai pas envie de lui servir de bonne. À peine est-il rentré qu'il commence à se plaindre de ce que le ménage est mal fait. J'ai beau faire des efforts, il n'est jamais satisfait. Il continue de critiquer ou de me signaler ce que j'ai oublié de faire.

Paul expliqua alors que lorsqu'il rentrait du travail, il désirait juste trouver la maison en ordre et le dîner sur le feu :

— Tout ce que je lui demande, c'est de ranger la maison et de me faire à manger. Ça ne lui prendrait pas plus de deux heures par jour et le reste du temps, elle ferait tout ce qu'elle voudrait. Qu'est-ce que c'est que deux heures de ménage ?

— C'est bien ce que je disais, rétorqua Jean. Il me prend vraiment pour sa bonne. Ça me met dans une de ces rages !

Paul ne comprenait pas en quoi il avait pu froisser sa femme. Tout ce que Jean avait entendu, c'est qu'il voulait qu'elle fasse le ménage. Dans l'esprit de Paul, il s'agissait de lui dire : tu comptes tellement pour moi que je ne te demande rien d'autre que deux heures de travail par jour.

J'ai alors demandé à Paul pourquoi il attachait tant de prix à ce que la maison soit propre et le dîner prêt pour son retour.

— Pour elle, dit-il d'un ton ému, ce serait une façon de me récompenser de ce que j'accomplis. Quand je l'entends dire qu'elle se moque de l'argent, je me demande pourquoi je travaille. Je fais tout ça pour assurer notre avenir et elle, elle me traite d'égoïste ! Si au moins elle m'exprimait un peu de reconnaissance, j'aurais le sentiment de vivre pour quelque chose. Mais comme elle n'en fait rien, cela me donne envie de la critiquer à mon tour.

Jean écoutait, les joues sillonnées de larmes. Elle venait de comprendre que Paul avait désespérément besoin de son appui. En lui préparant à manger, elle avait la possibilité de le remercier des efforts qu'il faisait pour assurer leur bien-être matériel. En lui exprimant sa frustration, Paul lui avait fait prendre conscience de la place de premier plan qu'elle occupait dans sa vie.

Dès lors, Jean s'acquitta de grand cœur de ses tâches ménagères sans pour autant délaisser ses autres centres d'intérêt. En lui dévoilant ses sentiments, au lieu de se borner à lui réclamer des efforts supplémentaires, Paul lui avait rendu confiance tout en la rassurant sur son amour.

Faute de bien analyser leurs besoins affectifs, la plupart des hommes hésitent à s'aventurer sur ce terrain. Pourtant, un homme qui s'estime mal récompensé de ses efforts a tout à gagner à extérioriser sa déception. Ce faisant, il aide sa compagne à prendre conscience de sa propre valeur tout en lui indiquant le moyen de le soutenir plus efficacement.

Si tant de femmes se sentent mal aimées, c'est autant parce que les hommes ne répondent pas à leurs besoins que parce qu'ils ne savent pas exprimer les leurs. Dans le chapitre suivant, nous pousserons plus loin l'exploration de nos principaux besoins affectifs.

CHAPITRE 10

COMMENT DONNER ET RECEVOIR UN SOUTIEN AFFECTIF

Les lois régissant les relations humaines changent au même rythme que la société. Les progrès techniques, politiques et scientifiques ont affranchi une bonne part de l'humanité de ses soucis les plus primaires : depuis que l'homme et la femme ne dépendent plus aussi étroitement l'un de l'autre pour leur survie et leur sécurité, leurs besoins affectifs sont passés au premier plan, suscitant des problèmes et des conflits jusque-là inconnus. Jamais l'aspect psychologique n'a autant compté dans les relations de couple.

Nombre de couples ne s'entendent jamais aussi bien que quand ils ont des difficultés financières. Que leur situation vienne à s'améliorer, au lieu de jouir de leur tranquillité retrouvée, ils entrent plus facilement en conflit : du monde extérieur, le champ de bataille se déplace à l'intérieur même du foyer.

Mike avait 22 ans quand il a épousé Ellen qui en avait 26. Leur couple a bien fonctionné pendant huit ans, malgré le manque d'argent : Ellen travaillait comme agent de bord pour permettre à Mike d'achever ses études de droit. Quand ils songeaient à cette époque, ils la revoyaient pleine de rires et de tendresse. La nécessité d'assurer le quotidien semblait avoir soudé leur union. Que pesaient les problèmes face à la perspective d'un avenir radieux ?

Huit ans plus tard, Mike était devenu un avocat célèbre tandis qu'Ellen élevait leurs deux enfants. En apparence, tout paraissait

fonctionner comme avant. Pourtant, une fois leur situation maté-
rielle bien assise, l'un comme l'autre avait commencé à ressentir de
la lassitude. Mike n'éprouvait plus la même attirance pour sa
femme, bien que celle-ci affectât de l'ignorer. Mais trois mois après
qu'ils eurent pris possession de leur nouvelle et somptueuse villa,
Mike tomba amoureux de sa secrétaire.

Quand Ellen sut la vérité, elle finit par admettre sa propre
insatisfaction et décida Mike à me consulter. Au prix d'un gros
travail, ils parvinrent à se réconcilier. Mike et Ellen eurent beaucoup de chance : au lieu d'appeler à l'aide, la plupart des couples
se contentent de divorcer.

Étant plus consciente de ses besoins affectifs, la femme est
généralement la première à ressentir une frustration. Plus le couple
assoit sa situation, moins l'homme tolère l'insatisfaction de sa compagne, estimant qu'elle a toutes les raisons d'être heureuse. En
réalité, le confort matériel fait émerger des besoins affectifs qui
exigeraient de lui une attention qu'il se refuse à accorder, pensant
avoir rempli sa part du contrat. En conséquence, chacun est malheureux et tend à en rejeter la faute sur l'autre.

Si les deux parviennent à admettre le caractère inéluctable de
ces difficultés, au moins évitent-ils les reproches injustifiés. Plutôt
que leur couple, ce sont leurs habitudes qu'ils remettent alors en
question. Au lieu de changer de partenaire, ils s'appliquent à
mieux donner et recevoir un soutien affectif.

COMMENT SUSCITER
UN SOUTIEN AFFECTIF

Il est d'autant plus facile d'offrir un véritable soutien affectif qu'on
en aura bénéficié dans l'enfance. De même, il est d'autant plus
facile de remédier à une frustration que l'on sait précisément ce qui
vous manque. Nombre de gens souffrent de problèmes conjugaux
parce qu'ils n'ont jamais eu l'exemple d'une relation tendre, fondée
sur l'entraide mutuelle.

Prenons l'exemple d'une personne qui aurait souffert d'être
négligée durant l'enfance : elle aura toujours tendance à exiger
l'affection d'autrui, au risque de le faire fuir – ou alors, elle tentera
d'obtenir son amour en réprimant sa vraie nature. Mais quelle que
soit la méthode et son degré de réussite, le soutien qu'elle obtiendra ne lui paraîtra jamais suffisant.

Gail avait 42 ans quand un matin, elle se réveilla avec un sentiment de vide et de solitude écrasant. Brusquement, il lui semblait
que personne ne l'avait « vraiment » aimée ni respectée.

Avec mon aide, son mari Glen fit tout son possible pour la
rassurer et la convaincre du contraire. Il était patent qu'il l'aimait
de tout son cœur mais qu'elle était incapable de recevoir cet amour.
Mais il était tout aussi évident qu'à son insu même, Glen rendait
impossible toute communication.

Gail me dit :

— Je me rends compte qu'il fait tout son possible pour me
rendre heureuse et je m'en veux de ne pas mieux l'en remercier. Je
ne sais pas pourquoi, mais ça ne marche jamais. En tout cas, quand
je lui parle, je n'ai pas l'impression qu'il m'entende. Il ne sait pas
qui je suis en réalité. Au fond, je ne crois pas qu'il m'aime.

L'émotion l'envahit alors et elle se mit à pleurer :

— Personne ne m'aime ni ne m'a jamais aimée. Le seul qui
m'ait aimé, c'était mon père. Mais il est mort quand j'avais sept ans.

Il y avait longtemps qu'elle ne s'était pas ainsi laissée aller à
exprimer sa douleur. Loin de la rabrouer, Glen lui manifesta alors
une attention et une compassion qui ne laissèrent pas de l'étonner.
Moyennant quelques encouragements, Gail laissa peu à peu parler
les sentiments d'insécurité, de tristesse, voire de colère qu'elle avait
toujours dissimulés sous des dehors tendres et aimants.

Plus elle se dévoilait, plus Glen lui témoignait d'amour. Elle
finit par s'en étonner :

— Comment peux-tu aimer ce que je montre là ? Tu m'as toujours dit que tu aimais ma force, mon indépendance et ma bonne
humeur.

— C'est vrai, acquiesça Glen. Mais j'aime aussi quand tu es
fragile. Alors, je me sens fort et utile. Mais bien sûr, je n'aimerais
pas te voir tout le temps comme ça.

— Mais comment saurai-je jusqu'où je peux aller ? Qui me dira
comment me comporter pour que tu m'aimes ?

Glen lui prit alors les mains et se penchant vers elle, il lui dit
avec des larmes dans la voix :

— Mais je t'aime comme tu es ! Je t'aime quand tu es heureuse
et aussi quand tu es triste. Je t'aime surrtout quand tu es TOI.
Quand tu veux faire croire que tu es heureuse, tu n'es plus toi-
même et alors, j'ai tendance à perdre de vue que je t'aime autant.
Je t'aime aussi quand tu es douce, tendre et vulnérable.

— Et moi, répondit-elle avec un sourire, j'aime quand tu es tendre et compréhensif. Il me semble que c'est la première fois que je me sens ainsi aimée et protégée. Et pour le coup, je m'aime telle que je suis.

Si Gail avait pu ressentir ainsi l'amour de Glen, c'est que pour la première fois, elle s'était montrée à lui sous son vrai jour. Tant qu'elle avait prétendu être une autre, seul son faux moi avait bénéficié de cet amour. Plus il semblait apprécier le côté fort de sa personne, plus son côté vulnérable lui paraissait méprisable.

Après cette révélation, Gail s'habitua peu à peu à exprimer ses besoins et à réclamer l'aide de son mari. À mesure qu'il apprenait à la satisfaire, elle découvrait ses besoins à lui. Cette évolution est d'autant plus rapide que nous avons une idée précise du type de soutien qui nous est nécessaire ainsi que du caractère différent des besoins de l'autre.

LES SEPT COMPOSANTES D'UNE ATTITUDE POSITIVE

Ces composantes sont plus ou moins visibles dès lors qu'une personne se sent soutenue sur le plan affectif. Quand les besoins qu'elles traduisent trouvent leur satisfaction, les sentiments positifs – tels le contentement, la quiétude, le bonheur, la gratitude, l'enthousiasme et la confiance – s'expriment tout naturellement.

L'AMOUR est facteur d'unité et de partage. Sans calcul ni jugement, il proclame : « Nous sommes à la fois différents et semblables. Je me reconnais en toi, tu te reconnais en moi. »

Au plan mental, il se traduit par un rapport d'affinité. Au plan affectif, par un phénomène d'empathie. Au plan physique, il trouve son expression dans le toucher.

LA TENDRESSE traduit un souci profond et sincère du bien-être de l'autre, ainsi que le prix qu'on attache à sa personne. Plus on a de tendresse pour lui, plus on se sent motivé à satisfaire ses besoins et à lui accorder son soutien.

L'INTELLIGENCE ne consiste pas à savoir tout à l'avance mais à inférer de son discours ce que l'autre cherche à vous communiquer.

Elle permet aussi de voir le monde avec le regard de l'autre. L'intelligence proclame : « Avant de te juger, je vais ôter mes chaussures et faire quelques pas avec les tiennes. »

LE RESPECT consiste à se soumettre aux désirs de l'autre, non par crainte, mais parce qu'ils apparaissent légitimes. Le respect incite à servir l'autre en fonction de l'importance et du mérite qu'on lui accorde.

LA RECONNAISSANCE est une réaction naturelle, consacrant les efforts ou l'attitude bienveillante de l'autre. Elle indique qu'on se trouve bien de ce qu'il a fait pour vous et incline à rendre un bienfait pour un autre.

L'APPROBATION va de pair avec la gratitude. Elle atteste qu'on accepte de bonne grâce le don qui vous est fait. Elle n'a rien à voir avec la passivité ni avec la condescendance. Si elle n'interdit pas à l'autre d'évoluer, elle ne l'y oblige pas non plus et incite à lui pardonner ses erreurs.

LA CONFIANCE vient récompenser l'honnêteté, le sérieux, la probité et la sincérité d'autrui. Quand celui-ci semble faillir, elle pousse à lui accorder le bénéfice du doute et à rechercher les causes de sa conduite, sans préjuger de ses intentions. Au sein d'un couple, elle règne dès lors que chacun est persuadé que l'autre ne désire que son bien et qu'il est disposé à recevoir l'aide qu'on peut lui apporter.

LES BESOINS VARIENT SELON LE SEXE

Si le besoin d'amour est aussi important chez l'homme que chez la femme, les six autres tendent à varier en fonction du sexe ou des traits dominants de la personne. Ainsi, le masculin privilégie la confiance, l'approbation, la reconnaissance et le féminin, la tendresse, la compréhension et le respect.

Inconscients qu'ils sont de leurs différences, beaucoup d'hommes et de femmes commettent l'erreur d'offrir au partenaire ce qu'eux-mêmes en attendent. Aussi, imaginez leur déception quand leurs efforts ne sont pas payés de retour...

Par exemple, une femme créera autour d'un homme un tel climat de tendresse et de compréhension qu'il en viendra à douter de sa confiance. Au lieu de répondre à ses effusions, il cherchera alors à s'en préserver, quitte à la plonger dans un profond désarroi.

À l'inverse, un homme accordera plus volontiers sa confiance que sa tendresse à sa partenaire, suscitant chez celle-ci incompréhension et rancœur. La voyant préoccupée, il se fera le plus discret possible, l'imaginant capable de se tirer d'affaire toute seule. Elle, de son côté, interprète son attitude comme un rejet et un abandon.

Ces deux exemples nous montrent comment la bonne volonté peut mener droit à l'échec, faute de bien saisir les besoins de l'autre. Dans leur vie de couple, beaucoup de gens sont persuadés de donner en pure perte. Le problème est qu'ils ne donnent pas nécessairement ce dont l'autre a besoin. Si c'était le cas, celui-ci se ferait certainement une joie de donner en retour, tant il est vrai que toute relation est fondée sur la réciprocité.

Quand cette règle d'or ne fonctionne pas, c'est qu'il y a une trop grande disparité entre les besoins de l'un et ce que donne l'autre. Au bout du compte, les deux s'estiment lésés.

Quand on ne reçoit rien, c'est que l'on donne mal. Pour recevoir plus, apprenons à tenir compte des besoins du partenaire. Et si celui-ci demeure indifférent, au lieu de le taxer d'ingratitude, voyons s'il n'y a pas moyen de donner mieux.

Trop de gens se comportent avec leur partenaire comme avec un parcmètre qu'ils tenteraient de bourrer de billets de banque alors qu'il n'accepte que les pièces, ou comme ces patrons de société qui se plaignent de ce que personne ne veut de leurs produits, au lieu de s'interroger sur les réalités du marché.

Si vous ne devez retenir qu'une idée de ce livre, que ce soit celle-ci : si tant d'hommes et de femmes sont frustrés dans leur vie affective, c'est qu'ils croient pouvoir jauger les besoins de l'autre à l'aune des leurs. Dans le chapitre suivant, nous verrons plus en profondeur en quoi les besoins affectifs de l'un diffèrent de ceux de l'autre sexe.

CHAPITRE 11

LES PRINCIPAUX
BESOINS AFFECTIFS

La plupart des conflits survenant dans le couple découlent de l'insatisfaction de nos besoins les plus essentiels. Et quand la frustration s'installe, il est tentant d'en rejeter la responsabilité sur le partenaire.

L'homme s'identifiant à ses actes, lorsque ceux-ci suscitent la défiance, l'ingratitude ou un rejet de la part de la partenaire, il tend à douter de son mérite personnel et en conçoit de la rancœur.

Quand une femme souffre d'un manque de respect, de tendresse ou de compréhension, elle doute d'elle-même et n'ose plus faire valoir ses droits.

UN BESOIN D'AMOUR UNIVERSEL

Des sept que nous avons présentés plus haut, le besoin d'amour est sans nul doute le plus essentiel. C'est par la grâce de notre amour que l'autre prend conscience de sa valeur. Dans ce miroir qui lui est tendu, il apprend à mieux connaître et apprécier son image.

En même temps qu'il gagne en confiance, il s'affranchit du jugement d'autrui. Peu à peu, son besoin d'amour cède la place au désir d'être utile à celui-ci.

L'amour est aussi un puissant facteur d'unité. Aimer quelqu'un, c'est lui dire qu'il fait partie de vous. Quand un homme aime une femme (ou inversement), il rétablit le contact avec sa propre féminité en même temps que l'amour qu'elle lui porte le conforte dans sa masculinité.

C'est en donnant et recevant l'amour que l'homme et la femme prennent conscience de leur valeur propre et construisent ensemble leur unité. C'est quand on se sait aimé qu'on découvre sa propre vérité et qu'on parvient le mieux à être soi.

LE DON DE L'AMOUR

Spontanément, le jeune enfant accorde son amour à ses parents ainsi qu'à tous les êtres qui croisent son chemin. Il lève vers eux des yeux émerveillés qui ne voient que le bon en eux. Si ces demi-dieux répondent à son affection, il se sent digne d'amour. Dans le cas contraire, il se renie pour mériter leur amour. Pour être accepté, il tente de devenir un autre. Dès lors, il lui est difficile d'accepter chez les autres les traits qu'il a gommés en lui-même. Pire, il a le plus grand mal à admettre qu'on puisse l'aimer.

Pour ça, il doit prendre le risque de se révéler tel qu'il est au sein d'une relation amoureuse. Plus on est capable de recevoir, plus il est facile de donner et d'exploiter son potentiel.

LA FEMME ET LE BESOIN DE TENDRESSE

Le succès d'une relation dépend de la capacité de chacun à donner de lui-même. Celle-ci dépend étroitement de sa capacité à recevoir : nul ne peut continuer à donner s'il ne reçoit pas le soutien dont il a besoin. Mais pour recevoir un soutien, encore faut-il s'en sentir digne… Et pour cela, il faut se savoir aimé. Une attitude tendre et aimante, en nous assignant une valeur unique, nous permet seule de nous ouvrir à une aide extérieure.

La femme est particulièrement vulnérable au manque de tendresse. Par son comportement, son partenaire peut la précipiter du paradis en enfer en l'espace de quelques minutes. En lui manifestant sa tendresse, il la rassure sur le bien-fondé de ses demandes. Une attitude contraire l'incite à culpabiliser en lui laissant croire qu'elle est égoïste ou trop exigeante. Se jugeant indigne, elle tend alors à taire ses sentiments et ses besoins.

À l'inverse, un excès de tendresse affaiblit l'homme et le rend dépendant. À force d'être materné, il finit par régresser et se conduire en enfant gâté, tour à tour soumis et révolté.

Sachant le prix de la tendresse, les femmes sont plus naturellement portées à prendre soin de leur partenaire. Au cours de cette étude, nous verrons plus d'une fois qu'il est plus facile de donner ce dont on a soi-même besoin. Quand on a compris cela, il est plus aisé de pardonner à l'autre ses lacunes : ce qui nous paraît aisé l'est peut-être moins pour lui.

LA FEMME
ET LE BESOIN DE COMPRÉHENSION

Si nous voulons nous comprendre nous-mêmes, il est essentiel de comprendre l'autre. Pour bien connaître nos propres désirs et pensées, il convient de les soumettre d'abord à l'entendement d'une autre personne – c'est-à-dire, à sa faculté de partager des idées autres que les siennes.

La compréhension consiste à approuver le point de vue de l'autre, non à le déclarer inepte. Elle oblige aussi à découvrir pourquoi il voit le monde de cette façon, au lieu de lui expliquer comment il devrait le voir.

Encore une fois, la femme a davantage besoin de compréhension. Quand son partenaire ne s'attache pas suffisamment à comprendre ses besoins et ses sentiments, son discours devient facilement confus. S'il se borne à prendre son mal en patience tandis qu'elle se confie à lui, sa passivité ne fait qu'aggraver sa nervosité.

La voyant dans cet état, l'homme peut être tenté de la traiter de folle, jusqu'à la faire douter de sa propre raison. Il est plausible que nombre de femmes ont été conduites à l'hôpital psychiatrique par des hommes incapables de prêter l'oreille à leur désarroi.

Le dictionnaire lui-même définit la folie comme « une conduite contraire à la raison et à la logique ». Si cela était vrai, toutes les femmes relèveraient peu ou prou de la psychiatrie ! En effet, il est dans la nature féminine de se fier à son intuition plus qu'à la logique.

Par exemple, quand une femme veut un enfant, sa décision doit moins à la réflexion qu'à l'intuition que l'heure a sonné pour elle – même si elle trouve toujours à justifier son choix après coup.

Inversement, l'homme tend à baser ses décisions sur la logique et le raisonnement. C'est seulement dans un deuxième temps qu'il s'assure que son choix coïncide bien avec ce qu'il ressent. Les deux méthodes ont leurs avantages et leurs limites.

Quand une femme tente de raisonner en homme, elle n'en retire que de la frustration, surtout si les circonstances la pressent de faire un choix. Dans le désarroi, une femme a parfois tendance à précipiter sa décision, au lieu d'explorer tranquillement ses sentiments au moyen de son intuition.

Pour sa part, l'homme doit longuement ressasser un problème avant de parvenir à une décision. Une attention trop marquée pour ses sentiments le mène tout droit à la procrastination. Quand un homme est passé maître dans l'art d'écouter une femme, cet exercice l'oblige à tout le moins à laisser de côté ses propres sentiments pour s'attacher à comprendre ceux de son interlocutrice.

Qu'on soit homme ou femme, l'idéal réside dans un bon équilibre entre logique et intuition. L'homme y parvient en s'exerçant à comprendre et la femme, à se faire comprendre. Mais pour ça, encore faut-il que chacun maîtrise la langue de l'autre. En appliquant la technique de la lettre d'amour (cf. chapitre 13), les femmes apprendront à s'exprimer de façon à être comprises des hommes. L'écriture leur permettra également d'explorer leurs sentiments sans recourir à un auditeur.

En résumé, la compréhension est essentielle à la part féminine de chacun. Elle nous aide à découvrir notre vérité intérieure et nous libère de nos émotions négatives. En cultivant une attitude positive, chacun a le pouvoir de résoudre – ou mieux, d'éviter – les conflits qui pourraient éclater.

LA FEMME ET LE BESOIN DE RESPECT

Dans un couple, il est essentiel que chacun préserve son identité. Respecter sa partenaire, c'est l'aider à être elle-même et à faire valoir ses droits. Le respect réside aussi dans la fidélité à ses engagements et dans l'importance accordée à l'autre. Il vise à apporter son soutien à l'autre sans que celui-ci ait besoin de le revendiquer.

La femme est particulièrement vulnérable au manque de respect. Du fait de sa conscience rayonnante, une femme qui aime a le plus grand mal à préserver le sentiment de son identité. Il incombe à son partenaire de lui rappeler son mérite et ses droits. S'il ne le fait pas, elle doute d'elle-même et du bien-fondé de ses demandes. Pour se retrouver, elle finit par se fermer à lui. À ce stade, on constate fréquemment une perte d'appétit sexuel : le fait de faire l'amour avec un homme rend une femme particulièrement vulnérable à la qualité de son respect.

Si les hommes mesurent mal l'importance du respect pour leurs compagnes, c'est qu'ils n'ont pas le même rapport avec lui : quand une femme a l'impression qu'on lui manque de respect, elle tend à donner encore plus pour prouver sa valeur. Un homme, lui, monte sur ses grands chevaux pour exiger son dû. Peut-être même en fait-il encore moins, jusqu'à obtenir satisfaction.

L'enfant dépend à l'extrême de ses parents. Si ceux-ci ne respectent pas ses besoins, ses repères s'écroulent. Les petites filles sont particulièrement sensibles à l'attitude de leur père envers leur mère, ainsi qu'au respect que celle-ci se témoigne à elle-même.

Quand un homme s'estime injustement méprisé, il devient facilement agressif : la plupart des bagarres ont pour prétexte un manque de respect réel ou imaginaire. Cette tendance est d'ailleurs largement exploitée par les instructeurs militaires : les nouvelles recrues font l'objet d'un mépris systématique qui les pousse à se surpasser pour prouver leur valeur.

Si le manque de respect excite l'instinct dominateur de l'homme, il entraîne chez la femme une soumission proportionnelle à l'amour qu'elle porte à son partenaire. Mais la rancœur aidant, il arrive que les rôles s'inversent. À l'exigence dominatrice de l'une s'oppose alors la passivité de l'autre.

L'HOMME
ET LE BESOIN DE RECONNAISSANCE

Le besoin de reconnaissance se confond généralement avec le précédent : la reconnaissance implique qu'on retire un bienfait de ce que l'autre fait pour vous. D'un autre côté, c'est le respect qui nous permet de vérifier la légitimité de nos droits et de nos désirs.

La reconnaissance nous renseigne sur la qualité de nos actes et en dernier ressort, sur notre propre valeur. Quand un homme perçoit qu'on lui est reconnaissant de ses efforts, ses échecs mêmes lui paraissent plus faciles à accepter et à analyser.

Si l'absence de reconnaissance entraîne chez la personne un sentiment d'inutilité, l'absence de respect entraîne un sentiment d'indignité.

Faute de reconnaissance, on perd vite l'envie de donner. Quand un homme n'atteint pas l'objectif qu'il s'était fixé, si nul ne le rassure sur sa valeur, il jette l'éponge ou s'entête à répéter les mêmes actions jusqu'à obtenir un retour.

Les hommes ressentent tout spécialement ce besoin de reconnaissance. Si celui-ci n'est pas satisfait, ils perdent leur motivation, deviennent passifs, faibles, dépendants et indécis.

À l'inverse, l'indifférence agit sur la femme comme un aiguillon. Aussi, quand elle juge que son partenaire ne fait rien pour mériter sa reconnaissance, elle en déduit facilement qu'il ne l'aime pas. Quand à celle qui croirait motiver son partenaire en le privant plus ou moins consciemment de sa reconnaissance, elle s'exposerait à une cruelle déception.

Quand une femme critique la conduite d'un homme, lui fait des observations ou dédaigne ce qu'il lui offre, elle n'imagine pas l'effet dévastateur qu'elle produit sur lui : il perd toute énergie, se venge en la rabaissant et finit par s'éloigner.

À l'inverse, lorsqu'un homme se sent apprécié par une femme, il semble que rien ne puisse l'abattre. En effet, l'homme mesure sa valeur personnelle à sa capacité à faire le bonheur des autres. C'est la reconnaissance de ceux-ci qui le motive pour agir. S'il rencontre des difficultés dans sa vie professionnelle, le fait de retrouver chez lui une épouse épanouie et reconnaissante le libère d'une bonne part de la tension accumulée.

La principale motivation de l'homme est son désir d'être agréable à une femme ; c'est de là qu'il tire toute son énergie. Cette impulsion se traduit d'abord par une attirance d'ordre sexuel. Plus tard, à mesure qu'il s'y mêle de l'amour, de la tendresse, du respect et de la compréhension, elle y gagne encore en puissance. Dès lors qu'un homme se sent apprécié sur le plan physique, mental, affectif et spirituel, sa puissance atteint son maximum.

LA FEMME
EN QUÊTE DE RECONNAISSANCE

Quand une femme a besoin de la reconnaissance d'autrui pour affirmer sa personne et ses droits, c'est qu'elle fait fausse route : elle mérite d'être respectée pour elle-même, non pour ce qu'elle fait.

Ce besoin de reconnaissance s'accompagne le plus souvent d'un déni de ses besoins les plus élémentaires. Par exemple, elle se plaindra de ce que personne dans son entourage professionnel ne lui sait gré des sacrifices qu'elle consent. En réalité, sa frustration provient plutôt d'un manque de respect : quand celui-ci est absent d'une relation, la reconnaissance n'est jamais qu'une maigre compensation. Certes, une femme qui travaille a autant droit à la reconnaissance de ses pairs que n'importe quel homme. Mais en tant que femme, son épanouissement dépend d'abord du respect qu'on lui témoigne.

Une femme habituée au respect dans son milieu professionnel peut très bien, dès lors qu'elle tombe amoureuse d'un homme qui l'ignore, se prendre à douter de sa propre valeur – signe que sa part féminine souffre de désaffection. En cultivant sa féminité, en veillant à satisfaire ses besoins de respect et de compréhension, elle constatera un accroissement de son efficacité professionnelle.

De par sa nature même, la femme s'affirme à travers ce qu'elle est plutôt qu'à travers ses actes. L'affection, la compréhension, la confiance qu'elle peut manifester aux autres lui attirent le respect de ceux-ci ainsi que le soutien affectif dont elle a besoin. Combinée à un esprit créatif plus typiquement masculin, cette faculté lui est des plus utiles dans sa vie professionnelle.

En règle générale, un homme accorde moins facilement son soutien affectif à une femme aux traits masculins plus développés : au plus profond de lui est ancré le désir de combler une femme. L'homme n'est jamais aussi fort que lorsqu'il se sent utile. Confronté à une femme trop indépendante, il se sent impuissant à la satisfaire et redoute même de la voir tourner en dérision ses offres de service : si la princesse est de taille à tuer elle-même le dragon, alors le chevalier n'a plus qu'à quitter son armure et aller se rhabiller !

Mais quand une femme parvient à équilibrer ses énergies masculines et féminines, les hommes sont beaucoup plus disposés à l'aider et à travailler avec elle. Certaines ont un don unique pour se concilier les bonnes volontés – il en est de même des hommes qui jouissent d'un bon équilibre entre leurs tendances masculines et féminines.

Il est plus facile pour une femme de cultiver sa féminité dans ses relations affectives que dans un cadre professionnel. Mais si elle apprend à jouer de ses qualités féminines dans son travail où elle se trouve souvent en concurrence avec des hommes, ces derniers se sentiront moins menacés.

En développant sa féminité, elle évitera également de verser dans un comportement de martyre : dès lors qu'une femme tente de s'attirer la reconnaissance par ses actions, elle court le risque de s'y épuiser. N'étant jamais sûre de pouvoir prétendre au respect et à l'affection des autres, elle ne sait pas faire valoir ses droits autrement qu'avec véhémence et acrimonie. Si, au contraire, elle laisse parler ses qualités humaines à travers un amour tendre et sincère, il lui suffira de paraître aux yeux de son compagnon pour que celui-ci brûle de l'envie de lui prouver sa tendresse.

Pour lui, ses désirs seront alors des ordres, sans qu'elle ait à le commander. Seules les femmes aigries éprouvent le besoin de gouverner leur partenaire, au prix d'incessantes querelles et luttes de pouvoir.

Quand une femme s'ingénie à gagner la reconnaissance de son compagnon, à son insu même, elle entre en rivalité avec lui. Privé de son carburant – soit l'admiration de sa partenaire – l'homme ne tarde pas à se retirer de la partie. Même s'il lui sait gré des services qu'elle lui rend, cette perpétuelle quête de distinctions l'incite surtout à la paresse.

Je ne veux pas dire qu'une femme ne doive jamais se rendre utile à son compagnon… *Mais loin de briguer sa reconnaissance, ses bienfaits ne devraient jamais viser qu'à lui manifester sa propre gratitude.*

Quand une femme se sent incomprise ou mal aimée, même si elle n'en a pas conscience, ses bienfaits sont toujours assortis de conditions. Ce qu'elle ignore, c'est qu'il lui suffirait d'exprimer un peu de gratitude à son partenaire pour que celui-ci exauce le moindre de ses vœux.

L'HOMME ET LE BESOIN D'APPROBATION

Quand un homme se sent « approuvé », il est d'autant plus enclin à croire en ses possibilités. Dès lors que ses initiatives sont bien accueillies, il se sent encouragé à aller encore plus loin. De ce point de vue, on peut dire que c'est l'approbation qui le pousse à évoluer.

Certaines femmes fondent leur amour sur les qualités qu'elles devinent en germe chez un homme. En réalité, elles attendent qu'il change pour pouvoir réellement l'accepter. Mais un homme a besoin d'être accepté tel qu'il est, non tel qu'il sera demain. Quand ce n'est pas le cas, il se braque contre toute idée de changement.

Quand une femme n'accepte pas un homme tel qu'il est, elle cherche automatiquement à le changer. Pour ce faire, elle ne lui ménage pas ses conseils. Mais si un homme écoute volontiers les avis qu'il a sollicités, dès lors qu'une femme a dans l'idée de l'« améliorer », il ressent son attitude comme un rejet. Tandis qu'elle s'imagine l'aider, il a l'impression qu'elle lui manque de respect et tente de le manipuler.

Mais si elle réserve un accueil favorable aux efforts qu'il fait pour la soutenir, il se sent d'autant plus enclin à la satisfaire. Son approbation lui assure qu'elle ne lui tiendra pas rigueur d'un éventuel échec mais lui gardera au contraire toute sa reconnaissance.

Fort de la confiance que lui procure le sentiment d'être accepté sans condition, il est plus à même d'accorder à sa partenaire le respect et la compréhension qu'elle mérite. Malheureusement, la plupart des femmes l'ignorent et s'imaginent que pour changer un homme, il n'est qu'à le harceler de critiques et de récriminations.

Quand un homme sent qu'une femme bute sur ses imperfections, il peut rester des jours à la bouder, adoptant par esprit de revanche – conscient ou inconscient – l'attitude même qu'elle lui reproche.

La femme n'y comprend rien : quand un homme trouve à redire à sa conduite, sa première réaction est d'en changer. Plus que l'homme, la femme est attentive aux réactions de l'autre. Elle est aussi beaucoup moins réticente à modifier sa conduite. Pour tenir compte de l'opinion d'autrui, l'homme doit être sûr de son propre mérite. C'est pourquoi il ne sert à rien de lui prodiguer des conseils ou des critiques quand il n'a rien demandé.

L'HOMME ET LE BESOIN DE CONFIANCE

La confiance vient récompenser l'honnêteté, le sérieux, la probité. Quand une personne vous accorde sa confiance, elle vous assure que vous êtes quelqu'un de « bien ». En l'absence de confiance, il est tentant de se livrer à des conclusions hâtives sur le comportement d'autrui, au lieu de lui accorder le bénéfice du doute. Dans le couple, elle règne en maître dès lors que chacun est persuadé que l'autre ne recherche que son bien.

La confiance arrive en troisième position dans la liste des besoins affectifs de l'homme. Quand une femme fait confiance à un homme, elle ne doute pas qu'il mettra tout en œuvre pour l'aider. Dans le cas inverse, c'est comme si elle le rejetait sans lui laisser la moindre chance, l'amenant automatiquement à s'éloigner d'elle. Non seulement la défiance paralyse l'homme, mais elle le blesse au plus profond de son être.

C'est la confiance qu'elle lui témoigne qui fait qu'un homme est attiré par une femme et qu'il lui offre le meilleur de lui-même. Si elle vise la perfection, elle ne peut qu'être déçue. Mais si elle lui fait comprendre que sa reconnaissance lui est de toute manière acquise, il sera poussé à se surpasser. Rien ne motive davantage un homme que l'amour d'une femme.

Quand une femme a confiance en son partenaire et que celui-ci lui semble lui refuser son appui, elle cherche toujours une explication logique à sa conduite et n'hésite pas à lui réitérer sa demande.

Quand une femme fait confiance à un homme, elle ne craint pas de se montrer vulnérable. Sachant d'instinct jusqu'à quel point elle peut compter sur lui, elle n'en attend rien de plus et lui sait gré de ce qu'il lui donne.

Le manque de confiance peut rendre la communication très difficile. Imaginez qu'une femme, faute d'une confiance suffisante, préfère tâter le terrain en servant une version édulcorée de ses sentiments à son compagnon… Devinant sa méfiance, ce dernier lui témoignera une réserve qui lui fera dire :

— Si le peu que je lui ai dit a suffi à le refroidir, je suis bien contente de ne pas lui avoir dévoilé le fond de mon cœur !

Pourtant, si elle avait été plus franche, il se serait montré plus réceptif.

Au début d'une relation, l'homme est moins prompt à se formaliser. Mais s'il est une chose qu'il ne supporte pas, c'est qu'une femme lui ôte la confiance qu'elle lui avait d'abord accordée. Dans un premier temps, la réserve de la femme aimée l'incite à patienter et à se surpasser pour lui prouver sa valeur. Mais quand il a goûté une fois à l'élixir de sa confiance, il est doublement blessé dans son amour-propre quand elle vient à la lui retirer, à la suite de quelque déception.

Trop souvent, une femme hésite à dévoiler ses sentiments de

crainte d'importuner son partenaire. Si elle trouve toujours à justifier sa retenue, la vérité est qu'elle ne le croit pas capable de l'attention nécessaire. Elle finit même par réprimer ses désirs, pensant s'éviter une rebuffade. En réalité, c'est comme si elle dressait une barrière entre eux.

Quand une femme met en doute la bonne volonté de son partenaire et qu'elle lui refuse d'être son chevalier, elle tue l'attirance qu'il peut avoir pour elle. Sans cette lueur admirative qu'il peut lire dans son regard, rien ne saurait le tirer de sa retraite pour accomplir les quatre volontés de la femme aimée.

S'il incombe à celle-ci de toujours lui renouveler sa confiance, il peut l'y aider en s'attachant à la mériter. À chaque fois qu'il néglige de s'excuser après lui avoir fait du mal, sans le savoir, il dresse une barrière entre eux. Trop d'hommes ignorent le pouvoir d'une parole de regret ou de compassion. C'est à leurs femmes de leur faire savoir ce qu'elles souhaitent entendre.

En résumé, voici quels sont les principaux besoins de l'un et l'autre sexe :

IL a avant tout besoin...
1. d'amour
2. d'approbation
3. de reconnaissance
4. de confiance

ELLE a avant tout besoin...
1. d'amour
2. de tendresse
3. de compréhension
4. de respect

Par nature, l'homme est destiné à combler les besoins essentiels de la femme. Inversement, la femme est faite pour combler les besoins de l'homme.

C'est en cultivant tendresse, compréhension et respect qu'un homme soutient le plus efficacement sa compagne. De même, c'est en cultivant sa féminité qu'une femme soutient le plus efficacement un homme.

CHAPITRE 12

LE SECRET DE
LA COMPLÉMENTARITÉ

La maturité aidant, homme et femme apprennent d'autres modes d'expression et de développement. À mesure qu'il s'affirme, l'homme devient plus tendre, compréhensif et respectueux. En renonçant à la froideur, au calcul et à l'égocentrisme, il gagne en présence et en humanité. Mieux elle s'assume, plus la femme est capable d'approbation, de confiance et de reconnaissance. Moins elle s'agite et tente d'exercer son emprise sur les autres, plus elle acquiert de souplesse et d'élégance.

Quand l'homme et la femme parviennent à se compléter et s'équilibrer, leur relation y gagne en sérénité ainsi qu'en dynamisme. En développant ses qualités propres, chacun satisfait automatiquement les besoins essentiels de l'autre. Voyons comment ces « couples » opèrent en synergie :

TENDRESSE ET CONFIANCE

Plus un homme se montre tendre avec sa partenaire, plus celle-ci est portée à lui accorder sa confiance. Et plus elle lui témoigne de confiance, plus il a de tendresse pour elle. Souvent, l'homme est bien plus disposé à soutenir sa compagne que celle-ci ne l'imagine. Mais si ses réactions lui laissent à penser qu'elle le juge indigne de confiance ou le traite en ennemi, il cesse automatiquement de se préoccuper de son bien-être, renforçant du même coup ses préjugés contre lui.

Quelquefois, l'homme s'abrite derrière la fatigue pour justifier son absence d'attention aux besoins de l'autre. La vérité est qu'il n'est pas tant fatigué qu'indifférent : dès qu'un homme s'éveille au souci de l'autre, il découvre en lui des trésors d'énergie, de vitalité et de créativité. À l'inverse, l'indifférence entraîne un sentiment de lassitude générale. Un homme peut montrer beaucoup de nerf dans son travail, fort de la confiance que lui accordent ses pairs, et s'affaler sitôt franchi le seuil de sa maison.

Tenez-le pour un « héros » et un homme verra son énergie décuplée. Traitez-le avec suspicion et il cessera de vous prêter attention. Quand un homme pose un problème à une femme, il ne saurait constituer une solution ni être motivé pour lui apporter son soutien. Qu'elle apprenne à lui faire confiance, qu'elle lui accorde le bénéfice du doute au lieu de conclure au pire et elle le verra peu à peu s'adoucir.

Si l'homme lui manifeste généralement autant d'égards dans les premiers temps de leur relation, c'est qu'elle le regarde alors avec une confiance et une adoration que rien n'a encore entamées.

Si cette confiance le galvanise, elle n'a pas le pouvoir de le rendre parfait. Parce qu'il n'est qu'un homme, il est inévitable qu'il la déçoive un jour ou l'autre. La confiance diminuant, il commencera à la négliger et tendra à se replier sur lui-même. Certains hommes qui font preuve d'une belle énergie quand il s'agit de servir leurs intérêts se révèlent apathiques dans leurs relations de couple. Pour leur rendre courage, il suffirait parfois d'un rien d'amour et de confiance.

Pour un homme, l'apprentissage de la tendresse ne va pas de soi : c'est une tâche qui demande du temps et des efforts. Malheureusement, les femmes ne le comprennent pas toujours et perdent facilement patience : pour elles, en effet, il n'est rien de plus naturel que la tendresse.

Une femme qui aime devrait veiller à toujours conserver sa confiance à son partenaire et à s'abstenir de le juger quand il la déçoit. Dès l'enfance, les filles ont l'habitude de dorloter et les garçons, de prendre des risques. Il est aussi difficile aux hommes d'être tendres qu'il l'est aux femmes d'accorder leur confiance.

À force de déceptions, une femme sent peu à peu sa confiance s'effriter. Si de plus, son partenaire paraît indifférent à son chagrin, elle tend très vite à douter de son amour. De même, il suffit qu'un homme ait l'impression de ne pas être apprécié à sa juste valeur pour qu'il renonce à ses efforts. Pour peu que sa partenaire semble mettre en doute sa capacité à la rendre heureuse, il cesse très vite de se soucier de son bonheur.

Tendresse et confiance sont par nature complémentaires. D'où l'image classique de la femme qui s'inquiète de tout tandis que son mari reste tranquillement à se prélasser sur le canapé. Si l'inquiétude de l'une provient d'un excès d'attention, la passivité de l'autre s'explique par un excès de confiance.

Un excès d'attention peut très bien conduire à un excès de prudence ou à la défiance – il n'est qu'à songer aux « mères poules ». À l'inverse, il arrive qu'un père trop confiant prive les siens d'affection en affectant de croire que tout va bien. Les petites filles sont particulièrement sensibles à ces marques d'indifférence.

Le manque d'attention de l'un, la méfiance de l'autre peuvent donner lieu à bien des problèmes, à moins que les deux partenaires ne parviennent à comprendre et accepter leurs tendances innées. En étant conscients de leurs différences, ils éviteront l'engrenage fatal – il la néglige, elle doute, il en fait de moins en moins, elle lui retire un peu plus sa confiance. Au lieu de dépérir, leur amour se développera en même temps que leur potentiel créatif.

Quand un homme la traite avec tout le sérieux et la tendresse dont elle a si grand besoin, la femme lui accorde volontiers sa confiance. Fort de son approbation, il n'en aspire qu'à mieux la servir. Plus elle reçoit, plus elle sait pouvoir compter sur lui et libérer son énergie créatrice.

Mais avant d'établir ce type de relation, elle doit savoir qu'il est impossible à un homme de se montrer tendre dès lors qu'il perçoit qu'on ne lui fait pas confiance. Une fois admise cette différence fondamentale, elle ne risquera plus de se méprendre sur son apparente désinvolture et lui pardonnera d'autant mieux ses lacunes. De son côté, son partenaire acceptera mieux son besoin d'être continuellement rassurée. Au lieu de le tourner en dérision, il y verra un moyen supplémentaire pour l'aider à s'épanouir.

De cette manière, au lieu de se lamenter sur ce qu'il n'a pas, chacun s'emploie plutôt à satisfaire son partenaire, sachant que mieux il donnera, plus il recevra en retour.

COMPRÉHENSION ET APPROBATION

Quand un homme fait preuve de compréhension à son égard, une femme tend plus facilement à l'accepter tel qu'il est. Dès lors, comme par enchantement, il va se transformer en même temps qu'il pénétrera mieux la réalité des besoins de sa compagne. Bien des hommes ne demanderaient pas mieux que de faire plaisir à leur partenaire, mais la plupart du temps, celle-ci demeure un mystère pour eux. Au fil du temps, l'expérience aidant, certains parviennent à évoluer dans le sens d'une relation plus enrichissante et mutuellement satisfaisante.

Pour l'homme, l'apprentissage de l'écoute passe par l'interdiction d'émettre un jugement sur les sentiments qui lui sont confiés. Pour ça, il n'a qu'à se convaincre qu'on ne lui demande ni solutions, ni remède miracle mais un simple effort de compréhension.

Quand une femme perçoit qu'elle n'a pas été entendue, elle est tentée de manipuler son partenaire. Mais si elle a le sentiment contraire, elle se détend immédiatement, se disant qu'au fond, tout n'est pas si mal. Au lieu de s'attarder sur ce qui ne va pas, elle profite pleinement des bons côtés de la situation. Du moment qu'elle se sent soutenue, il lui est plus facile d'accepter la vie telle qu'elle est.

Certains hommes sont tellement centrés sur eux-mêmes qu'ils ne remarquent pas les problèmes qui se posent au quotidien. Leur compagne, au contraire, ne les voit que trop bien. Plus ils paraissent s'en désintéresser, plus elles se sentent tenues de les résoudre seules – une tâche d'une telle ampleur qu'elles auraient grand besoin de se décharger d'une partie de leurs soucis sur le partenaire. Il suffirait alors que celui-ci leur prête une oreille bienveillante pour qu'elles ressentent un soulagement immédiat.

Même dans le plus complet désarroi, une femme n'exige pas de son partenaire qu'il résolve tous ses problèmes. Mais la voyant désemparée, il la croit en attente d'une solution concrète, comme le serait un homme dans sa situation.

En réalité, la femme tolère très bien l'imperfection, du moment qu'elle se sent écoutée et comprise. Malheureusement, la plupart des hommes ignorent cette heureuse disposition et se privent ainsi d'une importante source de réconfort.

Je n'oublierai jamais ce jour où j'avais dû véhiculer ma mère à travers Los Angeles. N'étant pas un habitué des autoroutes, je n'avais pas tardé à me perdre. Au lieu de s'en inquiéter, ma mère avait continué d'admirer le paysage comme si de rien n'était. À cet instant, j'avais eu comme une illumination : la certitude d'être pleinement accepté m'avait rendu à la liberté.

La femme que je fréquentais à l'époque sanctionnait chacune de mes étourderies d'un regard désapprobateur. Le contraste était si frappant que je m'étais promis *in petto* de faire subir le même test à toutes les femmes que j'aurais pu être tenté d'épouser.

Quand une femme parvient à aimer un homme sans vouloir le changer, celui-ci en vient peu à peu à mieux cerner ses besoins spécifiques. À ce degré de compréhension, il commence à entrevoir l'incroyable capacité qu'ont les femmes à pardonner leurs erreurs aux hommes pour les accepter tels qu'ils sont.

RESPECT ET RECONNAISSANCE

Lorsqu'un homme traite une femme comme son égale, celle-ci lui en est d'autant plus reconnaissante. Mais avant d'en arriver là, il doit l'accepter dans sa différence : une femme a le droit de se laisser aller à des sautes d'humeur sans qu'il se sente agressé et lui refuse son appui.

Cette forme de respect implique également qu'il l'associe aux décisions la concernant. Pour ça, il dispose d'un choix de formules très simples : « Est-ce que ça te va ? » ou : « Je voudrais bien… Qu'est-ce que tu en dis ? » ou encore : « Serais-tu d'accord pour qu'on… ? »

En cas de désaccord, il devra impérativement poursuivre la discussion jusqu'à ce qu'un compromis ait été trouvé.

Respecter une femme, c'est apprendre à satisfaire ses besoins et si possible à les devancer. C'est aussi l'aider à réaliser ses rêves et à s'affirmer dans ce qu'elle a d'unique.

Se sentir un être unique… Tous les usages de la galanterie visent à satisfaire ce besoin essentiel de la femme. Par exemple, faire à sa femme la surprise d'un bouquet de fleurs est pour un homme un moyen de rendre hommage à sa féminité.

Engagement et fidélité sont les marques de respect les plus évidentes – et les plus fortes – qu'un homme puisse offrir à une femme. En s'engageant, il lui indique qu'elle occupe une place à part dans son existence. En lui étant fidèle, il lui réaffirme sa volonté de partager avec elle quelque chose de précieux et d'unique.

Quand une femme jouit d'un tel respect, elle se sent automatiquement sur un pied d'égalité et peut alors vraiment apprécier les efforts que fait son partenaire pour lui rendre la vie agréable. En retour, les bienfaits qu'elle accorde à celui-ci, au lieu d'être assortis de conditions, traduisent un réel souci de son bien-être.

Par gratitude, elle crée peu à peu autour de lui un climat de beauté et d'harmonie qui le rassure sur son importance et sa capacité à la rendre heureuse. Le désir qu'elle ressent pour lui l'excite à le séduire. Dans un sens, on peut dire qu'elle le traite en invité de marque.

Afin de toujours lui faire bonne figure, elle barre la voie à la rancœur en veillant à exprimer ses émotions négatives sans lui laisser croire qu'il en est la cause. De façon générale, elle s'abstient de tout commentaire critique à moins d'y avoir été invitée. Enfin, elle n'hésite pas à faire appel à son soutien avant d'atteindre les limites de sa résistance.

LES BIENFAITS DE L'AMOUR

Mieux nous cultivons notre être profond, plus nous sommes aptes à donner et recevoir. Cette règle ne s'applique pas uniquement au domaine sentimental – même si c'est celui-ci qui nous intéresse ici – mais à toutes nos relations, qu'elles soient professionnelles, familiales ou amicales. Une fois compris le caractère complémentaire de nos besoins, il devient facile de s'assurer le soutien des autres : si nous voulons qu'on nous fasse confiance, montrons-nous plus tendres. Si nous voulons qu'on ait des attentions pour nous, ayons une confiance suffisante dans l'autre pour solliciter son aide.

Avant de se plaindre de sa partenaire, un homme devrait toujours se demander s'il lui témoigne assez de tendresse, d'empathie, de compréhension, de bienveillance, de respect, de considération et de compassion. Ces qualités – au nombre de sept, comme les couleurs de l'arc-en-ciel – découlent du tiercé « de base » formé par la tendresse, la compréhension et le respect.

Il convient de souligner qu'en développant sa capacité d'amour, un homme n'œuvre pas uniquement pour le bien de sa compagne, mais qu'il y gagne en puissance et en équilibre. Pour combattre le stress et trouver les ressources nécessaires à l'action, un homme n'a pas d'outil plus efficace qu'une attitude faite de tendresse, de compréhension et de respect.

Parfois, le simple fait de rendre service suffit à le réconforter. Mais s'il n'agit pas dans le respect d'autrui, ses efforts demeurent stériles. Découragé, il éprouve alors la tentation de ne plus servir que ses propres intérêts, ce qui ne saurait le satisfaire.

En l'absence d'un mobile ou d'une cause à servir, un homme a l'impression de tourner à vide. Des prisonniers de guerre ont raconté qu'ils n'avaient trouvé la force de survivre qu'en songeant à ceux qu'ils aimaient.

Sans but, l'existence devient vite pesante. Pour secouer à l'ennui qui le ronge, notre homme s'adonne alors à la vitesse ou au jeu, fait des placements risqués, escalade des montagnes, enfreint lois et tabous... Dès lors qu'il s'agit de sa vie, de son argent ou de sa liberté, le danger agit sur lui comme une drogue ou un excitant. Mais une fois l'euphorie retombée, il se retrouve encore plus démuni et déprimé. Car le secret d'un bonheur durable réside dans la qualité des relations qu'on entretient avec autrui.

L'homme qui aime n'a nul besoin de prendre des risques ni de vivre dans l'urgence pour sentir battre son cœur. Plus il s'ouvre aux autres, mieux il cerne leurs besoins et s'attache à les satisfaire. Ce faisant, il prend conscience de sa valeur propre sans avoir à se surpasser ni à rivaliser avec qui que ce soit.

L'homme marié, de par la relation spéciale qu'il entretient avec les siens, est plus que tout autre motivé à donner. Mais s'il n'est pas heureux en ménage, il est tout aussi prompt à se démotiver.

De la même manière, la confiance, l'approbation et la reconnaissance qu'une femme peut témoigner à un homme bénéficient aux deux : la confiance la grandit dans sa propre estime, tandis que l'approbation lui permet d'adopter une attitude résolument positive. Enfin, la reconnaissance la prédispose à recevoir à profusion.

Quand une femme se libère de ses émotions nuisibles au profit d'une attitude aimante, elle s'assure non seulement un soutien extérieur mais renforce encore ses liens avec son être profond.

Si cet art d'aimer peut sembler difficile, il permet d'exprimer dans toutes leurs nuances ces sentiments essentiels que sont la confiance, l'approbation, l'acceptation, l'assentiment, la reconnaissance, la gratitude et l'admiration. Quand un homme rencontre ces sentiments chez une femme, il reçoit son amour comme le plus précieux des dons, de la même manière qu'une femme trouve l'épanouissement en donnant la pleine mesure de son être.

CHAPITRE 13

LA TECHNIQUE
DE LA LETTRE D'AMOUR

Cette technique de la lettre d'amour constitue un vrai passeport pour un bonheur durable. Elle permet de se libérer des émotions négatives pour mieux se concentrer sur les sentiments positifs que sont l'amour, la compréhension et le pardon. Elle a contribué à sauver des milliers de couples et en a aidé beaucoup d'autres à aborder l'épreuve du divorce le plus sereinement possible.

Depuis sa première publication en 1984, elle a été reprise par d'innombrables thérapeutes et conseillers conjugaux.

En bref, une lettre d'amour comprend deux étapes. La première consiste à mettre ses sentiments à nu, comme devant un auditeur digne de confiance. La seconde, à rédiger une lettre-réponse exprimant ce qu'on aimerait entendre de la part du destinataire de la première.

POURQUOI UNE LETTRE D'AMOUR ?

La lettre d'amour vise à faire rentrer ses sentiments positifs dans le champ de la conscience sans toutefois refouler ses émotions négatives.

Elle vous permettra aussi d'intégrer les stratégies amoureuses que vous aurez apprises dans cet ouvrage. En effet, quel que soit votre degré d'expérience, il est difficile d'aimer et de soutenir l'autre dès lors qu'on s'est trouvé blessé dans ses sentiments.

Elle vous aidera encore à vous substituer au partenaire quand celui-ci ne peut vous accorder son soutien. Sa rédaction vous obligera à faire preuve d'amour, de tendresse et de compréhension à votre propre égard. Si vous n'êtes pas capable de vous écouter, comment les autres le seraient-ils ? Lorsque vous ressentez un manque affectif, c'est qu'il est temps de vous offrir une lettre d'amour.

Le but d'une telle lettre n'est pas d'accabler le partenaire de reproches ni de souligner ses insuffisances. Écrite dans cet esprit, elle n'aurait aucune chance d'atteindre son objectif. Une lettre d'amour n'est efficace que si elle vise à renforcer les sentiments amoureux chez son auteur.

LES EFFETS D'UNE LETTRE D'AMOUR

Quand on a le sentiment de ne pas être entendu, il est bon d'exprimer ses sentiments puis d'imaginer une réponse qui vous donne l'impression d'être compris et soutenu. Cet exercice lève les obstacles qui freinent l'échange amoureux. Dès lors qu'on a pu analyser ses sentiments en profondeur, leur contenu négatif s'évacue presque automatiquement.

En vous obligeant à exprimer ce que vous souhaiteriez entendre, la lettre-réponse vous amènera à mieux voir et accepter le soutien qui vous est déjà offert. Également, elle permettra à son destinataire de mieux cerner vos attentes.

De par sa structure même, la lettre d'amour vous aidera à creuser au plus profond de l'inconscient pour en faire émerger les sentiments positifs qui s'y dissimulent.

Quand quelqu'un est perturbé, c'est qu'il se focalise sur l'aspect négatif des choses. Le fait d'explorer ses sentiments lui permet alors de changer d'optique et de se concentrer sur le positif.

Pour que la catharsis opère, vous devrez d'abord analyser vos quatre niveaux d'émotions négatives. Cela étant fait, terminez toujours votre lettre par une évocation du cinquième niveau, correspondant aux sentiments amoureux. Ces différents niveaux d'émotions se présentent dans l'ordre suivant :

Niveau 1 : colère
Niveau 2 : tristesse et peine
Niveau 3 : inquiétude et angoisse
Niveau 4 : regret
Niveau 5 : amour

Votre lettre achevée, pensez à coucher sur le papier les propos que vous aimeriez entendre dans la bouche du partenaire, propos qui vous prouveraient qu'il a su vous entendre et qu'il est disposé à vous répondre en toute franchise.

LA RÉDACTION
D'UNE LETTRE D'AMOUR

Commencez toujours par le niveau 1, celui de la colère. Au bout d'un moment, vous constaterez un apaisement qui vous conduira tout naturellement à explorer le niveau 2.

Vous exposerez alors vos motifs de peine ou de tristesse. En creusant ceux-ci, vous atteindrez bientôt le niveau 3, correspondant à vos craintes. À ce stade de votre lettre, vous vous sentirez probablement envahi par un flot d'émotions, signe que le processus se déroule normalement.

Dès que vous vous sentirez prêt à admettre vos torts, passez au niveau 4, celui des excuses et des regrets. Cette nouvelle étape vous permettra de clore pour de bon le chapitre des émotions négatives.

À ce moment-là, il est probable que vous irez déjà beaucoup mieux. Néanmoins, il est important que vous acheviez votre lettre sur une note positive. Le fait d'exprimer au partenaire l'amour, l'approbation, le respect, la compréhension, la reconnaissance, la tendresse et la confiance qu'il vous inspire vous aidera à pérenniser ces sentiments pour mieux les rappeler dans les moments de crise.

En écrivant, imaginez que la personne à laquelle vous vous adressez soit parfaitement disposée à vous écouter et vous aider. Mais quel que soit votre degré d'irritation, abstenez-vous toujours de la critiquer. Au contraire, confiez-lui vos sentiments pour l'aider à mieux vous comprendre et vous soutenir.

Pour éprouver les bienfaits d'une lettre d'amour, il n'est pas obligatoire de la remettre à son destinataire. Dans le cas où celui-ci ne saurait l'accepter, c'est même déconseillé – sa réaction ne ferait que vous troubler un peu plus. De toute manière, le seul fait d'écrire aura contribué à vous soulager.

Afin de faciliter le travail d'écriture, le guide pratique ci-inclus propose des amorces de phrases pour chaque étape. Ces amorces vous seront particulièrement utiles si vous hésitez sur la manière de formuler ce que vous ressentez. Étape après étape, elles vous aideront également à approfondir vos émotions. Vous pouvez n'en choisir qu'une, à moins que vous ne préfériez varier les formules. Elles emploient toutes le pronom « je », afin de mieux vous recentrer sur vos sentiments.

Quand quelque chose vous a fait mal, munissez-vous vite d'un stylo, de quelques feuilles de papier et lancez-vous. En suivant notre guide pratique, vous ne tarderez pas à renouer avec des dispositions plus aimantes.

GUIDE PRATIQUE
DE LA LETTRE D'AMOUR

Cher (ou chère)…

Si je t'écris cette lettre, c'est pour soulager mon cœur des sentiments négatifs qui l'habitent avant de pouvoir t'exprimer tout l'amour que tu mérites. Mon intention est aussi de solliciter ton soutien sans paraître l'exiger.

NIVEAU 1 : COLÈRE
Je n'aime pas que…
Je suis fâché(e) parce que…
Je suis frustré(e) parce que…
Je suis furieux(se) que…
J'aimerais que…

NIVEAU 2 : TRISTESSE
J'ai de la peine parce que…
Je suis déçu(e) parce que…
Je suis triste que…
J'aurais aimé que…

NIVEAU 3 : INQUIÉTUDE ET ANGOISSE
Je m'inquiète…
Je crains que…
J'ai peur que…
J'ai besoin…

NIVEAU 4 : REGRETS
Je te demande pardon de…
Je suis gêné(e)…
Je regrette…
J'ai honte de…
J'ai résolu de…

NIVEAU 5 : AMOUR, PARDON, GRATITUDE ET COMPRÉ-
HENSION
J'aime…
J'apprécie…
Je comprends…
Je te pardonne…
Je suis certain(e) que…

Je t'embrasse,
X…

Prenez bien le temps d'explorer les différents niveaux. Si vos
sentiments n'apparaissent pas tout de suite, respirez un grand
coup, détendez-vous et attendez qu'ils remontent à la surface pour
les écrire tels qu'ils vous viennent.

Il faut en général une vingtaine de minutes pour écrire une
lettre d'amour. Consacrez au moins cinq minutes à chaque étape.
Ne vous souciez ni d'orthographe ni de ponctuation. Quand vous
êtes « sec », essayez une nouvelle amorce et notez tout ce qui vous
vient à l'esprit, même si cela n'a aucun rapport avec ce qui précède
ni même avec l'objet de la lettre. Cette technique n'est qu'un outil
pour vous aider à ouvrir votre cœur. Avec un peu d'entraînement,
vous parviendrez très vite à l'ouvrir à volonté.

LA LETTRE-RÉPONSE

Votre lettre étant achevée, consacrez encore quelques minutes à la rédaction d'une réponse. Pour nombre de personnes, cette étape s'avère la plus bénéfique car elle leur permet de s'accorder tout l'amour qu'elles méritent. Le plus souvent, en effet, notre désarroi provient de ce que nous nous sentons mal considérés par l'autre.

Dans les minutes qui suivent la rédaction d'une lettre d'amour, l'être est grand ouvert aux influences positives. L'écriture d'une lettre-réponse l'encourage alors à faire valoir ses droits à plus d'amour et d'attention. Cette lettre-réponse comprendra :

1. des excuses (ainsi, vous aurez le sentiment d'avoir été entendu)

2. des manifestations de tendresse et de compassion

3. des marques d'estime et de considération

4. plus largement, tout ce que vous souhaiteriez entendre pour vous sentir mieux

La lettre-réponse invite celui qui la rédige à s'impliquer plus largement dans son bien-être affectif. De plus, elle entraîne son entourage à mieux répondre à ses attentes. Pour avoir lu ce livre, vous savez à présent qu'on ne saurait raisonnablement exiger du partenaire qu'il trouve toujours les mots appropriés. En lui soumettant votre lettre-réponse, vous lui apprendrez à vous témoigner son amour et son soutien de la manière la plus adéquate et la plus satisfaisante pour vous.

LE DÉFI DE L'AMOUR

Les différences que nous sommes amenés à constater dans nos relations avec l'autre sexe nous mettent au défi de mieux nous aimer en donnant sans calcul. En appliquant les principes contenus dans cet ouvrage, chacun contribuera non seulement à son propre bonheur mais aussi à l'avènement d'un monde meilleur à l'usage des générations futures.

NOTE DE L'AUTEUR

Des milliers d'individus et de couples d'une vingtaine de villes importantes en Amérique ont déjà profité de mes séminaires sur les relations humaines. Si vous êtes à l'aise en anglais, je vous invite à partager avec moi cette expérience sûre, enrichissante et de valeur curative. Il me fera plaisir de vous y rencontrer, et vous en garderez un souvenir impérissable.

Pour toute information concernant ces séminaires donnés en anglais, communiquez avec :

John Gray Seminars
20 Sunnyside Ave., Suite A-130
Mill Valley, CA 94941
au téléphone : 1-800-821-3033

Transcontinental
IMPRESSION
IMPRIMERIE GAGNÉ